Armando Robles

LOS VERDADEROS
SECRETOS
DE CÓMO SE HICIERON
MILLONARIOS
VENDIENDO
EN LÍNEA

"Las estrategias de cómo vender el doble o el triple en el mundo digital clonándote a ti mismo"

POR
ARMANDO ROBLES

Editor: Allegrazoe S.A de C.V.

Dirección editorial: Allegrazoe S.A de C.V.

ISBN: 978-0-692-03979-3

ÍNDICE

AGRADECIMIENTO

Quiero agradecer a mi esposa por ser la persona más importante de mi vida, par apoyarme en todos los proyectos que he iniciado y porque gracias a ella, éste negocio comenzó.

A mis padres que me enseñaron a luchar para cumplir todo lo que me propongo, enseñanza que hoy me permite cumplir un sueño más. También quiero agradecerles por toda la educáción y amor que me han dado a lo largo de toda mi vida.

Gracias a toda la gente que ha trabajado conmigo y a todo el equipo que sigue a mi lado en la actualidad. Gracias porque sigo aprendiendo cosas nuevas de todos ustedes.

Gracias a Andrea De la Garza por impulsar el nacimiento de este libro y a Jesús Torres por ayudarme a redactarlo.

Pero sobre todo, gracias a ti que te das el tiempo de leer éste libro, gracias a ti que me das la confianza de enseñarte todos los secretos que me han funcionado en éste negocio. Porque sin ti, éste libro no existiría.

Armando Robles.

PRÓLOGO

Antes creía que existía una gran idea y estaba determinado a encontrarla.

¿Cuál es la gran idea detrás de una estrategia de marketing exitosa? Podría pensar que un creativo con alto IQ sería capaz de lograrlo o un budget altísimo podría concretar algo visiblemente atractivo.

Cuando logré crear una estrategia que aumentó mis ventas en un 40% el primer mes, la repliqué en otros giros de negocios y funcionó. Fue una locura y quise enseñarla al mundo.

Este libro es el desglose paso a paso para crear una estrategia de comunicación que te ayude a traer más prospectos calificados y reduzcas costos en marketing.

Incluso no necesitas tener un copywriter para lograr escribir una gran historia.

He aprendido que todo es desmenuzable, me refiero a que podemos mirar una sola idea desde distintos ángulos y comprender cómo está creada, para qué y porqué.

De esto se trata el libro.

Comprender el mensaje que te dará las ventas que buscas, pero enfocándote en qué quiere tu cliente.

Al final del día: te tiene que caer bien tu cliente, pues trabajarás en cómo ayudarle: te convertirás en su mentor.

Armando Robles.

Las estrategias dirigidas a enamorar a nuestros clientes, se van actualizando con el paso del tiempo, igual que todo en el mundo cambia y se adecúa para mejorar.

Para que puedas consultar todas las actualizaciones de este libro, ve al siguiente enlace:

https//www.experienciaa.com/libro

El link te pedirá una clave de 2 palabras, que encontrarás en el ultimo párrafo, tercer línea antes del EJERCICIO 2 (Ahora tú, describe el día de tu avatar.) de este libro.

INTRODUCCIÓN

Si estás leyendo esto, muy seguramente eres dueño de tu propia empresa o negocio, tal vez eres emprendedor, pero en este momento estás buscando la mejor manera de atraer más clientes.

Llevar tu negocio al siguiente nivel no es cosa fácil. Podríamos hasta estar de acuerdo que mantenerlo funcionando no es cualquier cosa. Lo sé por experiencia.

Escribí este libro porque no podía creer que fuese así. No me engañaba, nunca pensé que fuera a ser algo sencillo, pero no me imaginaba esto.

Debo admitirlo, sin pena ni gloria, atraer clientes nuevos y hacer crecer mi negocio me llevó años. Al igual que tú, seguramente, yo también invertí más de lo que me hubiera gustado en agencias, programas y maestros con tácticas súper extrañas que me prometían resultados maravillosos... mismos que nunca llegaban.

Al final y después de mucho, pero mucho, del "prueba y error", encontré y desarrollé la forma exacta de precisamente lograr todo lo que estaba buscando.

Y aprendí algo fundamental en el proceso.

No se trata sólo de vender. Sé que eso es lo que estás buscando, y siendo honestos, esa es la razón por la que este libro está en tus manos. Pero por más raro que suene, a pesar de que ese sea tu objetivo principal, no sólo se trata de eso. Es más, muchas veces *ese "querer vender" es lo que te impide hacerlo.*

ENTONCES...
¿DE QUÉ SE TRATA?

" El objetivo del marketing es conocer y entender a tu cliente tan bien, que el producto o servicio "le quede" y se venda solo "

~P. Drucker

Se trata de estar enamorado de tu cliente y estar enamorado de tu producto. De crear lazos, de crear una conexión verdaderamente profunda con tu cliente. Esta es la mejor forma de vender y esto sólo sucede cuando realmente te importa tu cliente y te preocupa que le vaya bien.

Tenemos que llegar al punto en donde tu cliente confíe en ti porque sabe que estás ofreciendo algo real, algo que tú también comprarías o que tú también contratarías.
Cuando tú, como empresa, cambias tu mentalidad y de verdad te enfocas en querer ayudar, entonces generas cambios, quizás invisibles, pero tangibles en las relaciones entre tu marca y tus clientes.

Piénsalo, ¿qué pasa si les das eso que están buscando? ¿Si de verdad les ayudas con lo que sea que quieran resolver? Más allá de una venta, más allá de generar un ingreso y todo eso, estás generando confianza. Tú tienes cierta respuesta que ellos quieren y cuando se las das, cuando en verdad apoyas o ayudas a la gente, generas un lazo, una forma de relación.
Saber ver esto, saber implementarlo y manejarlo es

una estrategia.

Casi todos hemos leído alguna vez "El Arte de la Guerra de Sun Tzu".
Gran libro. Uno de mis favoritos.
Si no lo has leído, al menos has oído hablar de él.
Sun Tzu tenía una frase que yo creo que ilustra muy bien mi punto.

> "*Un ejército victorioso gana primero y entabla la batalla después; un ejército derrotado lucha primero e intenta obtener la victoria después*".
>
> ~ *Sun Tzu*

Básicamente de lo que está hablando aquí, ese *"ganar primero"*, es el desarrollo de una estrategia. Una tan bien elaborada, que de hecho ya ganó la batalla.
¿Ves a lo que me refiero?

Lo que el libro te va a dar, es precisamente la estrategia correcta que tu negocio necesita.

Lo primero que debes de saber sobre una estrategia, es que no se trata sólo de implementar tácticas porque sí, sino de integrar todas en una estrategia.

Para aclarar un poco el panorama, cuando hablo de una táctica, me estoy refiriendo a un procedimiento en específico para conseguir un fin. Y una estrategia, a una organización de muchas tácticas, en las que el fin que conseguimos con estas, son parte de algo mayor.

Piensa en un camino que se compone de muchas cosas; tiene varias paradas o destinos, tiene atajos o elementos que lo hacen un camino difícil, o tal vez tiene ríos que lo atraviesan o etc. Estos elementos que lo componen serían, en lo que nos corresponde a nosotros, tácticas y el camino en sí, la estrategia.

Y
¿CÓMO APLICA ESTO PARA TU NEGOCIO?

Muy sencillo. Una táctica podría ser, por ejemplo, hacer un anuncio de Facebook o para cualquier plataforma digital.
Pero una estrategia es integrar este mismo anuncio en un plan mayor.
La estrategia que te ayudaremos a crear aquí, involucra cómo crear un anuncio, qué ponerle, qué no ponerle, qué es lo que vas a lograr, cómo lo vas a medir y qué papel juega en un plan que va mucho más allá del mismo anuncio.

Y no, éste no es un libro sobre cómo hacer anuncios. De hecho, el anuncio es sólo una táctica, y es una de muchas partes que vamos a cubrir a profundidad en este libro más adelante. Por ahora, simplemente concéntrate en esto.

Lo primero en todo este proceso, es encontrar la historia que tu cliente se está contando y encontrar la forma correcta de cómo cambiarla.
Otra nota importante es que este libro va a evolucionar. Poco a poco verás el cambio y cómo el conocimiento de lo que hay aquí se va expandiendo.
Con los ejemplos buscamos ser específicos, pero a su vez, es importante remarcar que estas son estrategias

para aplicarse en cualquier ámbito y plataforma.

Entonces, si estamos hablando de Facebook, la estrategia también puede funcionar en Twitter, Instagram, etc.
De hecho, puede funcionar para cualquier medio que quieras, desde ventas directas con tu cliente, medios digitales, medios impresos, hasta llamadas telefónicas. El que tú prefieras.

Funciona así porque no nos estamos concentrando en una sola plataforma para desarrollar nuestro sistema. Lo aplicamos en una plataforma como ejemplo, pero si miras de cerca la metodología, te vas a dar cuenta que estamos hablando de construir un mensaje y eso, el contenido, es universal.
Lo mejor de todo es que este libro tiene la intención de guiarte paso a paso, hasta generar esa estrategia, implementarla y despegar tu negocio cuanto antes.

Eso es lo que este libro te ayudará a generar: la estrategia correcta.

Lo interesante de todo lo que vas a ver aquí es que sabemos que la plataforma va a cambiar el día de mañana. Pero la estrategia va a trascender.
Sabemos esto porque estamos hablando de las bases en la comunicación humana e ir más allá de las limitantes.

El libro está pensado para todos los dueños de negocios que quieren expandirse, para el emprendedor que acaban de empezar y que no saben qué sigue, para los que ya tienen un negocio activo y funcionando, pero sienten que todavía ganan como si no fueran los dueños. Para todos los que quieran liberarse de la parte operativa de lo que hacen y concentrarse en lo que sigue. Incluso, para todos aquellos que queremos más tiempo con nuestra familia.

Si te faltan estrategias para crecer tus ventas, no te apures, así empezamos todos.

Si sientes que estás estancado de alguna manera, no importa a que industria pertenezcas, el lenguaje puede cambiar, pero sus fundamentos son los mismos.

Si estás pensando en hacer un negocio, si ya tienes uno o si quieres aprender a doblar tus ventas, si eres freelancer o tienes una pequeña empresa que busca destacar en un mercado altamente competitivo, entonces este libro está pensado para ti.

Si sabes de lo que estoy hablando, entonces sabes que tienes el libro correcto en tus manos.

Todas las técnicas que aprenderás, están pensadas para darte un punto de partida y cómo, no soltarlo una vez que esté en marcha.
También vas a aprender cómo mejorar conforme vayas viendo resultados.

Un problema al que tú como lector ya te enfrentas, es que hay muchísima información allá afuera. Hay información en verdad muy buena, pero hay tanta, que es muy difícil llegar a ella.
Cuando llegamos, esa información es buena para generar contenido, a lo mejor para generar interacciones y tráfico, pero no necesariamente ventas.
Vamos a hacer un pequeño paréntesis aquí.
¿Contenido, interacciones, tráfico? Estoy seguro que si ya llevas tiempo en esto, dichos términos no son nada nuevo. Pero si, a lo mejor, esta es la primera vez que te

encuentras con ellos, no te preocupes.

En el libro aclararemos o explicaremos los términos específicos a medida que los vayamos usando.

Es importantísimo para nosotros que la información llegue entera a ti sin tanto esfuerzo. Y lo mejor, es que el funcionamiento de la estrategia es completamente entendible para cualquier persona. Y cuando digo cualquiera, me refiero a cualquiera, no necesitas ser un experto en nada para poder entenderla.

AHORA,
¿CÓMO SE VE LA ESTRATEGIA DE LA QUE HABLAMOS?

Pasa, más a menudo de lo que crees, que empresas o negocios nuevos piensan que con un anuncio en Facebook tienen para convertirse en la nueva sensación en línea. Entonces, cuando no les funciona a la primera, concluyen que "mi negocio no funciona en Facebook."
La realidad es que no hay negocio que no pueda funcionar en redes, sólo que hay que saber hacerlo funcionar.
B2C

Cuando comenzamos a tener éxito con Story Dealers (un curso que ofrecemos, en el que vemos todo lo que tú vas a leer en este libro), nos dimos cuenta que la estrategia del mensaje ideal aplicaba para cualquier clase de negocio. Pero conforme tuvimos más y más clientes, comprendimos que las diferentes profesiones pueden optimizar el mensaje ideal mediante una estrategia especializada.

Por ejemplo, estudiamos, encuestamos, investigamos y

llegamos a la conclusión de que una de las profesiones que menos ha aprovechado las redes sociales es la medicina, de cualquier tipo.

Después de evaluar el modelo de negocio, la actividad en internet y años de datos analíticos web, encontramos el problema: Comunicación online deficiente y falta de una estrategia que lograra atraer y retener a nuevos pacientes.

Así fue como construimos el curso "De Consultorio a Negocio". Desarrollamos una estrategia especializada para profesionales de la salud que les diera la oportunidad de atraer más pacientes, mejorar su retención, obtener más referidos y generar más ingresos sin necesidad de trabajar más.

Para lograrlo, lo primero que hicimos fue definir a nuestro avatar o prospecto perfecto para poder dirigir a él nuestros mensajes. Esto es muy importante porque si el mensaje no le llega a la persona correcta, nuestra estrategia fracasará desde el principio. Por eso, en este libro, comenzarás por aprender desde la base: definición de tu avatar, fabricación del mensaje para ese avatar e implementación de la estrategia digital completa.

Mi avatar es, por ejemplo, un doctor de 40 años que logró poner su consultorio, pero tiene poca consulta y lucha por cumplir las metas mensuales de ingresos para mantener a flote su consultorio. Pasa los días al pendiente de las citas programadas, pero cuando llega el momento parte de ese tiempo lo pierde porque varias citas con canceladas, de manera que dejó de recibir ingresos y no logró incrementar el número de pacientes, ni retenerlos.

Ahora, para éste avatar debo crear el mensaje perfecto.

Por ejemplo:

"Doctor, ¿no logras crecer tu consulta de la manera que esperas?

Si te ha pasado que batallas para llenar tu consulta y que muchas veces los pacientes cancelan sus citas y te quedan huecos de tiempo que desaprovechas y en los que además no recibes ingresos, entonces lo más probable es que en un futuro tu consultorio se haga insostenible.

Diseña un plan para hacer crecer tu consultorio y evita tener que cerrarlo.

Utiliza una estrategia digital que te ayude a multiplicar tus ingresos y a conseguir nuevos pacientes y a retener los que ya tienes, logrando además que ellos te refieran y que siempre regresen contigo.

Deja de sentirte frustrado y descubre cómo puedes convertir tu consultorio en un negocio que genere ingresos suficientes y que además te permita tener tiempo libre.

Da clic aquí y descubre cómo lograrlo".

Si todavía no descubres por dónde va el hilo, es muy fácil. Estamos hablando de una Narrativa.

Para que puedas consultar todas las actualizaciones de este libro, ve al siguiente enlace:

https//www.experienciaa.com/libro

**DE CONSULTORIO
A NEGOCIO**

INTRODUCCIÓN. NOSOTROS. TEMAS

BACKSTORY, PERSONAJE ATRACTIVO.
AVATAR

NICHOS/SUBNICHO. MI OFERTA,
WHAT'S THE PLAN

FAN PAGE, CHECKLIST

CONTENIDO DE VALOR, DE DÓNDE SALE,
TÍTULOS, PODCAST, HACKS, VIDEO

CALENDARIZAR

FB ADS, 12PASOS

COPY, EL MENSAJE IDEAL

MAILING

HOJA DE RESULTEDOS

MATEMATÍCAS DEL CLIENTE

RAVING FANS, CIERRE

GANANCIAS

PACIENTES

SEGUIMIENTO Y
CONVERSIÓN

La estrategia está determinada por diferentes Indicadores Claves de Rendimiento (KPIs), orientados a resultados como mayores ingresos netos mensuales y más pacientes, pero también un mucho mayor tráfico: Visitantes en redes sociales y web, suscriptores a newsletters, crecimiento de lista de correos, seguidores e interacciones en Facebook.

De Enero a Abril en 2018, nuestros clientes que han implementado esta estrategia especializada han logrado como resultado obtener 3.5 más pacientes mensualmente, 5 veces más referidos y 4.4 mayor ganancia neta mensual.

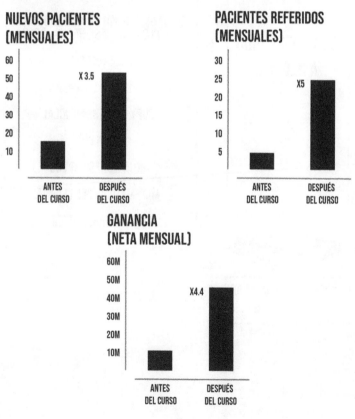

Creo que la idea central del libro ya va tomando forma, ¿no?

Si todavía no descubres por dónde va el hilo, es muy fácil. Estamos hablando de una **Narrativa.**
De contar una historia.
Vamos a generar ventas, contando historias. Una historia que tu cliente en potencia se tiene que identificar para comprar tu producto.
Es lo que se demanda hoy en día: una buena historia. Sólo ponte a pensar ¿qué fue lo último que viste en redes?
Estoy seguro que fue una historia.

Una foto puede ser una historia, un video ni se diga. Todo a tu alrededor está impaciente de contarte algo, incluso tú por contarle algo a alguien al rato que publiques en Facebook.

El truco aquí es muy fácil de identificar, pero dificilísimo de ponerse en práctica, y eso es, hacer un clic emocional, en este caso con tu cliente ideal.

¿QUÉ ABARCA EL MÉTODO?

Te vamos a enseñar cómo hacerlo, cómo vas a transmitir el mensaje y cómo vas a comprobar que está bien hecho.

Mientras estamos en esto, esta metodología también implica una introspección de tu negocio. Vamos a indagar en lo principal como: ¿Con qué batallas más? ¿Cuál es tu mayor problema para vender? Y vamos a encontrar las respuestas correctas.

Si tienes este libro en tus manos, no estás solo. Estamos contigo. Todo el conocimiento y experiencia de muchísimas personas que, como yo, utilizamos estas estrategias en nuestras más de tres empresas, pero también con muchos clientes y amigos. Hemos probado estos conocimientos una y otra vez, no es algo que simplemente estamos inventando. Honestamente, es algo que me hubiera encantado tener hace 10 años.

Si eres de esas personas que abre un libro y no vuelve a abrirlo jamás en el mismo año, entonces simplemente recuerda esto:

El marketing, primero que nada, es empatía.

CAPÍTULO 1

¿QUIÉN ES EL HÉROE?

Ésta es la primera parte del proceso para crear una estrategia digital que mínimo va a triplicar las ventas de tu negocio.

Lo que leerás a continuación, es fundamental para todo tipo de negocio existente. Me atreveré a decir que el negocio, empresa o startup que NO sabe lo que aquí vas a aprender está destinado, indudablemente, a fracasar.

No hay de otra.

Y es que esto es algo que en inicio parece fácil, pero es mucho más difícil de lo que uno pudiera pensar. Irónicamente, muchas veces somos nosotros mismos, los dueños del negocio, los que hacemos de dicha parte algo muy complicado, por la forma en la que pensamos y pasamos nuestro día a día.

Se trata de conocer a tu cliente.

Te dije que parecía algo fácil. Pero entiende esto, si no conoces a tu cliente ideal, ¿a quién le estás dirigiendo toda tu comunicación? ¿Sabes a quién le está llegando toda tu publicidad? ¿Sabes si acaso les importa?.

Hay que dejar algo bien en claro. Hay un mal entendido a la hora de pensar en la comunicación de nuestras empresas. Es algo que veo muy recurrentemente y es algo tan pequeño, pero tan dañino para tu negocio, que es de lo primero que tienes que cambiar.

Cuando dejamos nuestra publicidad libre en el mundo, por lo general no le estamos hablando a alguien en específico y tenemos la idea de que "pues a quien le caiga que le interese", ¿no? ¡Error!

Si le hablas a todos, no le hablas a nadie.
Pero si le hablas a uno, le hablas a todos.

¿Quién es esa persona que irá a comprar o adquirir tu producto o servicio? Tal vez la primera respuesta que quisieras es "todo el mundo", pero esto no es una realidad. De lo primero que hay que aprender es que: *todos los productos no son para todos.*

Yo sé que tú tienes más de un solo producto o servicios que vender. Y sé que quieres vendérselo a todo el mundo. Si yo te digo que sólo hay que vendérselos a una sola persona, puede sonar como una idea bastante descabellada o incluso mala.
Pero tienes que enfocar la comunicación que vas a generar en uno.
La mejor forma de convencerlos a todos es hablándole a alguien en específico. Piénsalo.

Claro que, a simple vista, todos los productos tratan de venderse para todos, pero ojo, hay una diferencia.

Los productos se venden *"para quien quiera y pueda comprarlos."*
Si tomas en cuenta que existen cosas como las modas, tendencias, gustos y etc., nos damos cuenta que ni siquiera el internet es un servicio para todos.

Mira, toma por ejemplo a Facebook. Este monstro de la comunicación, que revolucionó incluso la forma en la que interactuamos, no empezó siendo "algo para todos". Extraño, ¿verdad? Pero cierto. En un inicio, Facebook no era para que todos estuviéramos en contacto y compartir nuestra vida con los demás.

En un inicio comenzó de otra manera enteramente. De un proyecto personal, con otra finalidad completamente distinta, Facebook pasó a ser una herramienta para alumnos de Harvard que querían estar en contacto. Exclusivamente para alumnos de una universidad específica.

Ellos eran sus "clientes ideales".

Pero, ¿cómo creció? Uuna vez que vieron que funcionó entre los estudiantes de Harvard, decidieron llevárselo a otras universidades similares.

Seguía sin estar abierto para todo el mundo.

Después lo abrieron para todas las escuelas del país. Pero, sólo para estudiantes.

Poco a poco fue llegando al punto en el que hasta otras personas que no eran universitarios querían estar ahí, querían ser parte de Facebook. Hasta ese momento comenzó Facebook como lo conocemos. Una conexión de familiares, amigos, personas con intereses similares, ¿o no?

Ésta es una evolución real, mucho más apegada al cambiante mundo en que vivimos. Facebook no fue una idea increíble que surgió de un día para otro. No.

Fue algo que se fue dando en su crecimiento. Donde al inicio, su cliente ideal, era uno muy específico: alumnos de Harvard y fin.

Recuerda eso la próxima vez que sientas la presión de querer hablarle a todo el mundo.

Durante 5 años el mensaje de nuestra campaña para una empresa de pérdida de peso era: "pierde peso. Descubre tu mejor versión" y la realidad es que pensábamos que teníamos un buen Copy.

Reflejaba lo que hacíamos, pero era tan general que nadie lograba identificarse con él.

Podíamos tener mil Landing Pages y muchísimos anuncios, pero si todos los mensajes estaban tan generales, se sentía como una venta. Y recuerda: a nadie nos gusta que nos vendan, sin embargo, amamos comprar.

Cuando cambiamos el mensaje a lo que mi clienta ideal quería escuchar, los resultados en mis ventas cambiaron.

ENTONCES...
¿A QUIÉN VA DIRIGIDO TU PRODUCTO/SERVICIO?

La respuesta es ¡a tu *Cliente Ideal* A esa persona a la que a ti te gusta venderle.

Sí, leíste bien, esa persona que disfrutas, el tipo de persona que te hacen decir "Ojalá todos mis clientes fueran así". Y si eres honesto contigo mismo, te vas a dar cuenta que no es cualquiera, ni el que más compra. Es sólo esa persona con la que haces clic por algo.

¿Quién es ese? ¿Cómo puedo identificarlo? ¿Acaso lo conoces? ¿Sabes quién es, qué hace o qué le interesa? Sí, saber esto es importante.

En uno de los cursos de *Story Dealers* (SD: Es un curso que ofrecemos en el que vemos todo lo que tú vas a leer en este libro) una de las personas que nos acompañó tenía éste problema. En realidad, todos los que fueron lo tenían, pero recuerdo a ésta persona en particular por la peculiaridad de su caso y el "wow" que vivió cuando identificó todavía mejor a su cliente ideal.

Hoy en día se dedica a generar e instalar rejas en casas. Así de simple. O eso pensaba esta persona también. Su producto y servicio no era algo que él considerara "fuera de este mundo". Era algo, en sus palabras "bastante normal: todos necesitan una reja".

Aparte, tenía muy buen gusto y las rejas que producía, las cuidaba y detallaba como obras de arte. Nada mal, ¿verdad?

Bueno, ese último detalle era su perdición. Con tanto trabajo, obviamente sus rejas costaban un poco más que otras menos trabajadas.

Por más que intentaba, no podía conseguir más clientes, al menos no tantos como quería.

"¿Cuál es tu cliente ideal?" Le pregunté. A lo que respondió: "Todos los que acaban de comprar una casa nueva o tengan algún problema con sus rejas".

Y yo le dije: "no, ahí está tu primer error. Tu producto y servicios, obviamente, no van dirigidos a todos ellos. Lo que tú haces es un producto casi de boutique. Lo que significa un producto de diseño, por lo que tu cliente ideal es todo aquel que quiera una reja y también le importe el buen diseño, la estética, etc."

Estaba que no lo podía creer. Una idea tan simple que no había podido identificar dentro de uno de los detalles de lo que hace que más disfruta. el diseño.

No, en ese ejemplo no es sólo uno, pero la reducción de todos a todos los que les interese el diseño, es una reducción CONSIDERABLE.

Así como esa, tenemos que seguir reduciendo y reduciendo hasta llegar casi a una persona muy, muy específica.

En primer lugar, tu cliente ideal es alguien con quien puedes convivir sin venderle nada. Si no estás dispuesto a sentarte a cenar con esta persona, estás identificando a tu cliente ideal de forma equivocada.

Necesitas que tu cliente ideal sea alguien a quien quieras porque simple y sencillamente, vas a tener una relación con él/ella.

A mí me pasó en el primer negocio que intenté poner. Era una mueblería y me encantaba. Pero muchos clientes se quejaban de "x" o "y". La verdad, había muchos que odiaba y estoy seguro que, si tienes un negocio, esto no es nuevo para ti. Pero como al final del día pagaban, me quedaba con ellos.

Luego están esos otros clientes, los que sí pagan a tiempo, los que son buena onda, con los que haces clic a un nivel más allá de una simple venta, los "dream clients".

Imagínate si pudieras trabajar solamente con ellos. Tener muchos o la mayoría como ellos, imagínate sentir que tus ventas no se sientan como ventas en sí, sino que, en verdad sientas la dicha de genuinamente ayudar a alguien con tu producto o servicio. Entre más ayudas más ganas.

Qué diferencia, ¿no crees?

Imagina que te tomas tu negocio en serio y descubres que tu cliente ideal no te agrada. Bueno, la mala noticia es que, si quieres que tu negocio prospere, vas a tener que verle la cara a ésta persona(s), si bien te va, por el resto de tu vida.

Para poder conectar con tu cliente ideal y entender de qué se trata la frase al principio del capítulo, lo que necesitas es un *avatar*.

No, no como los azulados de la película de J. Cameron, sino más bien una identidad que represente a tu cliente ideal, alguien a quien puedas dirigirte como persona, *un ente en el que puedas englobar a la mayoría de tus clientes, pero puedas atender como una única persona.*

Un Avatar, podemos decir que es como un personaje. Como todo personaje, necesita una historia, una que tú le escribirás. Pero tranquilo, no necesita ser una historia mega literaria.

Simplemente, necesitas ponerlo en una serie de situaciones que sean muy reconocibles para tu cliente ideal.

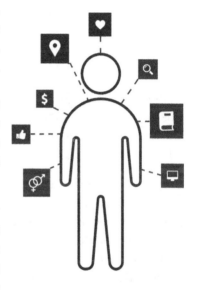

Esta historia debe tener sus preocupaciones, sus deseos, sus ideales, pero también sus vivencias más triviales, lo que ve y respira día a día.

Lo que buscamos es que tu cliente se identifique con este avatar, que se refleje en él.

Míralo de esta forma. Piensa en alguien cercano a ti, familia o amigos.

Yo podría hablarte de mi mamá por ejemplo. Sé qué le gusta y qué no. Ella es un avatar para mí. Al saber qué le gusta a ella, puedo darme una muy buena idea de qué le gusta y qué no a sus amigas, a sus hermanas, etc.

Cuando esto se hace bien, todos tus clientes ideales en potencia encuentran a alguien que sabe cómo se sienten y automáticamente crean un vínculo.

Todas, absolutamente todas las personas que estén dentro de la categoría de tu avatar, como las amigas de mi mamá y mi mamá, comparten características muy similares.

Imagínate que yo creo un avatar que pudiera ser amiga de ellas y le creo una historia y un perfil similar y etc.

Cuando a ella la presente como parte de mis anuncios, mis posts y demás formas de comunicación, si yo le hablo a este avatar, mi mamá y sus amigas se van a reflejar en ella, se van a sentir identificadas.

Piensa en tu serie de televisión favorita, Friends, The Walking Dead, etc.

Piensa en "Sex and the City", no es particularmente la mía, pero sí la de mi esposa.

Estoy seguro que ella se identificó con alguno de los personajes. De hecho, la serie es buenísima desde el punto de vista de lo que estamos hablando.

Hay 4 personajes clave y todas son muy, muy diferentes. Una de las razones de por qué tuvo éxito e es que estos 4 personajes le hablan a muchísimas personas. Las y los fans de la serie se identifican con alguno de estos 4 personajes.

Si tú tomaras a Carrie (personaje principal) por ejemplo, y decidieras dirigirle toda tu comunicación a ella. No a una persona como ella o a alguien muy similar, estoy hablando de dirigirle toda tu comunicación a Carrie, incluso pensando en cómo va a responder y todo.

Si tú hicieras esto, todas las personas que se identifíquen con ella se van a acercar a tu negocio o producto.

¿Pero cómo hablarle? Piensa en la serie. El efecto de acercamiento entre una persona y un personaje es gradual. En la serie te cuentan su vida, sus miedos, logros, fracasos, vergüenzas, pensamientos, sentimientos, etc.

Si entiendes a Carrie, vas a poder darle TU mensaje y así todas las personas que la siguen, se van a identificar con ese mensaje y en ese punto vas a vender.

Esto es sólo un ejemplo del avatar

Si logro eso, hablándole a uno sólo, termino hablándole a todos.

Esto es lo que pasa si te comunicas sólo con uno y ese uno es tu avatar.

Así que vamos a comenzar con el principio. Es fundamental que sigas con lo que viene a continuación ya que éste es el primer paso para que puedas crear un avatar de forma correcta y a partir de él/ella, ir armando todo lo necesario para darle forma a tu estrategia.

A veces, simplemente conocer a tu cliente ideal es todo lo que hace falta.

Ya nos pasó una vez que una de las personas en nuestro curso se involucró tanto en encontrar a su cliente ideal, porque en verdad no disfrutaba mucho de las personas con las que le tocaba hacer esa relación de venta-cliente, que para cuando implementó los cambios necesarios para dirigirse a quien quería, en 3 semanas ganó 1 millón y medio de pesos. No lo podía creer (y hasta para nosotros fue un poco difícil creerlo al principio, la verdad) pero los números no mienten.

EJER CICIO 1

Comenzar a pensar en nuestro avatar de forma correcta

Éste ejercicio tiene como objetivo comenzar a pensar en nuestro avatar de forma correcta. Es muy simple y efectivo.

1.   Dibuja un círculo. Ahora, imagina que ese círculo representa a todo tu grupo de clientes y prospectos. Sí, a TODOS.

2.   Ahora, toma el círculo y proyéctalo, crea una personalidad que represente todo lo que tus clientes y prospectos tienen en común (que sea relevante a tu giro o nicho de mercado). Estás inventando a un ser humano, así que ponle un nombre, el que quieras. Lo que esto genera es que ahora podemos pensar en él o ella de forma inteligente, podemos pensar en cómo crear una relación con dicho personaje, cómo convencerlo de algo, cómo satisfacer todas sus necesidades.

Este proceso también lo puedes hacer con tu negocio. Toma todo lo que tu negocio ha creado (productos, marketing, etc.) y crea una personalidad. Ahora también tienes tu avatar de negocio.

3.   La charla: Una de las mejores formas de sacarle provecho a todas las tácticas y tener una mejor planeación de tu estrategia, es poner a estas dos personas a conversar. Crear un dialogo entre ellos.

Hay que verlo de esta manera: hay muchísimas Anas en el mundo (mí avatar se llama Ana) y todas ellas tienen, digamos, 100 cualidades (son solteras y tienen 35 años).

Si piensas en esas cualidades como círculos, todos se unen en algún punto. Ese punto es exactamente el punto que buscas. El punto que queremos atacar.

Todas las Anas tienen esas 100 cualidades en común, pero después de esas 100, no tienen absolutamente nada más en común

Ahora, esto es sólo un inicio. Con esto ya se está haciendo más claro el punto al que queremos llegar, ¿verdad?.

Pero no es tan simple, de hecho, el verdadero ejercicio paso a paso para crear un Avatar, lo veremos al terminar este capítulo.

Sin embargo, este proceso es importante. Lo que estamos haciendo es crear en nuestra mente (imaginando) una persona. Esta persona no existe, jamás ha existido, ni existirá.

Pero ya logramos identificar 100 cualidades y al final sólo estoy dirigiendo la comunicación de mi empresa a esas 100 cualidades y párale de contar.

Como éstas 100 cualidades son las que están más relacionadas, si le hablara a la cualidad 101, fácilmente perdería el 60% de la audiencia.

Para aterrizar toda la información que necesitas, simplemente contesta las siguientes preguntas sobre tu cliente ideal. Recuerda que estás imaginando:

Hay que ser SÚPER ESPECÍFICOS, no pongas que tiene entre 30 y 50 años. Especifica, a lo mejor tiene 33 o 48, pon información determinada.

Todo se dice muchísimo más fácil de lo que se hace, eso sí. Para que te des una idea, nosotros llegamos a tener 16 Avatares distintos. Eso sí que estuvo mal.

Lo que nos pasó es que tratamos de comernos al mundo. A la hora de crear los Avatares, nos empezamos a dar cuenta de que había muchos factores. Edades, sexo, estatus económico, etc. Y como buen negocio a la antigua, hablarle a cada uno de ellos. Nuevamente caímos en el error de quererle hablar a muchísima gente.

No está de más mencionar que casi no teníamos clientes en esa época.

Nuevamente, el truco es hablarle a una persona.

Así fue como después de muchos errores y aprendizaje, nació Ana, nuestro avatar.

Hicimos el experimento, creamos su historia sin pensar en si estábamos dejando atrás muchos posibles clientes, le dimos una cierta edad, un cierto estatus económico, una cierta profesión.

Para que te des una idea, ella es Ana:

Nombre: Ana.
Con quién vive: vive sola.
Puesto de trabajo: mercadotecnia.
Género: femenino.
Edad: 35 años.
Estado civil: soltera, con planes de casarse.
Medio de transporte: auto propio, marca Volkswagen vento.
Promedio de ingresos: $25,000 mensuales.
Nivel socioeconómico: medio alto.
Afines políticos: no le gusta la politica.
Escolaridad: licenciatura.
Religión: católica.
Dónde vive/municipio/colonia: Ciudad de México.
Hijos: no tiene, no los planea tampoco.
Ultima compra: ropa moderna.
Expertos que sigue: Richard Branson, Rachel Zoe, Arianna Huffington, Philip Koetler.
Película/serie favorita: Black mirror.
Periódico/Revista/Blog favorito: artículos de marketing, informa BTL, Merca 2.0
Libros favoritos: los de Oscar Wilde, poesía y novela, Philip Koetler y Vilma Nuñez.
¿A dónde sale a divertirse?: playa, bares, restaurantes, camping antros con alguna chispa de estilo/trendy/ hipsters, festivales de música, conciertos.

Red social favorita: Instagram, Twitter, Facebook, LinkedIn.
Hobbies: hace ejercicio no tan frecuentemente, y escucha musica.

¿Qué correos le llegan a su mail?: promociones departamentales, blogs, restaurantes, trabajo.

35 años, vive sola, un tiempo con un roomie y después con el novio.
Habla inglés y español.
Sigue a empresas internacionales y agencias grandes y/o muy creativas.
Le gusta seguir a diseñadores de alta gama.
Ella considera que tiene habilidades como: planeacion, liderazgo de equipos, gestion de proyectos.
Ella siempre está súper trendy, super hipster.
Va a eventos muy VIP, superfiestas con DJs electrónica.
Se viste súper nice, casual, no usa marcas muy populares mientras que la ropa esté trendy.
Es muy social.
Usa más Instagram que Facebook.
Va a gym, a clases de yoga, hace spinning.
Come healthy pero no obsesivo.
Es inconformista, quiere hacer las cosas diferentes.

Le gusta trabajar mucho, pero también quiere tener una vida personal/social.
Toma seguido, pero no toma mucho.
Es muy flirty.
Ama a su jefe, normalmente es hombre (director de marketing).
Su jefe tiene un poco de miedo hacia la tecnología. Su manera de evaluación es a través de la opinion del

avatar y con 2 preguntas claves: "¿Nos va a ayudar para lograr los objetivos del evento?", y "¿El costo entra en el presupuesto?"

Tiene gente a su cargo que se ve los detalles del evento (ella es el encargada de los eventos) y ella tiene que organizarse con varios proveedores para el evento. Es un "dolor de cabeza", su nivel de estrés aumenta a medida que se acerca el evento. El dia del evento es el dia más estresante. Siempre está pensando: "¿No se me olvidó nada?", "espero que todo funcione bien".

Su depa esta súper arreglado.

Se va al gimnasio, trabaja y viaja mucho, tiene muchas juntas, come en la oficina, cena en el depa con el novio. El fin de semana viaja mucho o se tira pereza con el novio. Si sale, se va a lugares muy trendy.

Batalla con la empresa y sus jefes (son muy tradicionales), la manera normal de reportar sobre cualquier evento es de: Asistencia, (que no hubo problemas graves) y su sentimiento (si la gente se estaba divirtiendo o si interactuaba con la marca o los productos).

Su objetivo es hacerle feliz a su jefe más que hacer feliz a los participantes.

Y esto es sólo la información base y superficial de Ana. Su demografía, todavía falta todo lo que le preocupa, qué le duele y por qué, etc. Un avatar es mucho más que un mero perfil.

Todas, absolutamente todas nuestras formas de comunicación (Ads de Facebook, Twitter, Instagram, cualquier red social, propaganda impresa, etc.) siempre van dirigidas a Ana, sin excepción.

Para que te des una idea. Al hacer esto, cuando empezamos a dirigir todos nuestros esfuerzos a ella, nuestras ventas subieron un 40% el primer mes.

Y espera que ni siquiera hemos empezado a crear el avatar de TU negocio.
Lo mágico de todo esto, es que las personas, sin importar lo que los diferencie, se identifican con una parte de Ana. Pueden ser más de una, claro, pero al menos una parte de nuestro avatar resuena fuertemente con ellos.

Es como una película. Piensa en el personaje principal. Conforme avanza la película y el personaje se va desarrollando, encontramos una parte de él o ella en la que nos reflejamos. Si su historia es buena, todos nos identificamos.

Esa es la clave.

Entonces, hay que empezar enfocándonos únicamente en un sólo avatar para crear un mensaje efectivo.
No sólo es mucho trabajo, es un proceso evolutivo, uno que va cambiando y hay que ajustarlo constantemente.

Tienes que conocer a esta persona profundamente. Hasta psicológicamente tienes que desarrollar al personaje.

Empieza por algo fácil, cuéntame la historia de uno de sus días más triviales. Un día en su vida.

Mira, vamos a hacer algo, déjame te cuento el de Ana:

Cuando despierta, suena su alarma, se siente frustrada porque le gusta dormir, pero al mismo tiempo le emociona el comienzo de un nuevo día. Ve su celular, ve que son las 7:00 a.m. y checa sus notificaciones en WhatsApp, Instagram y algún correo importante que le haya llegado. Piensa en los pendientes del día, en las actividades que tendrá y se siente feliz por realizarlas, pero presionada al mismo tiempo, es algo que le gusta hacer. Ve el orden que tiene en su departamento y específicamente en su cuarto, le gusta tener todo bien organizado, se siente orgullosa de estar ahí con su propio esfuerzo.

Se levanta, ve que todavía le queda suficiente tiempo para bañarse, desayunar algo ligero y asistir a su clase de box antes de ir al trabajo, se siente enérgica y siente mucha felicidad al estar despierta, un poco adormecida todavía pero muy lista para lo que viene.

Ve la ropa que escogerá para hacer ejercicio, sus tennis, sus leggins y su top. Después se dirige a desayunar, se prepara algo rápido como un omelette y una taza de café y ve que todo está limpio y en orden y le causa facilidad y le ahorra tiempo encontrar todo en su lugar y a la mano para hacer su desayuno.

Mientras desayuna, ve en sus redes sociales la vida y posts de sus amistades, le da risa ver memes en Facebook, en Instagram ve las fotos que han subido sus amigas con sus novios, las fotos de las amigas que ya se están casando y ve las fotos de aquellas que ya tienen algún bebé. Se siente estable en donde está pero piensa en el momento en el que le tocará a ella estar en el lugar de sus amigas, se siente feliz y al mismo tiempo presionada por obtener un buen trabajo donde pueda llegar a sostener a un hijo en conjunto con su futuro esposo.

Después de desayunar se pone su ropa para ir a sus clases fitness, se pone desodorante y ve que todo está recogido ya para salir. Ve las llaves de su auto en su respectivo llavero cerca de la puerta de su departamento, sale y se sube a su auto, ve que todavía tiene suficiente gasolina y que todavía su auto está limpio por fuera y por dentro.

Enciende su auto y se va al gimnasio donde tiene sus clases de box. En el corto trayecto de su departamento al gimnasio ve los pocos anuncios que están en su camino, le gustan cómo están elaborados y la iluminación en ellos. Le intriga que ella pueda llegar a causar un impacto de marketing publicitario así de bien como los que ella ve. Siente felicidad y se lo propone como desafío.

Al llegar, comienza a ver los autos de los que están ahí en el gimnasio para identificar quiénes aparte de ella ya han llegado. Al entrar, ve cómo está acomodado todo y las prendas de todos para dar su interna opinión sobre ello. Siente bien que está asistiendo a un lugar con gente como ella, de su estilo, de su clase social y que le agrada, está pensando en las amistades que valora de ahí y lo bien que se la ha pasado mientras hace ejercicio.

Comienza con su clase, ve y pone atención a todos los ejercicios que hacen, ve cómo lo está haciendo cada una de las personas que están ahí para comparar su ejecución del ejercicio con los demás. Piensa que todo está bien, que ha visto resultados, se siente feliz y deseosa de seguir con su rutina de ejercicios.

Después de terminar sube una "Instagram Story" de que terminó su rutina de ejercicio matutina y ve rápido las fotos o "Stories" nuevas que han subido sus amistades y cuentas que sigue mientras camina y se despide de todos y se dirige a su auto. Ve que todavía tiene tiempo suficiente de regresar y llegar a su casa a bañarse. Ve que son las 8:30 y todavía tiene tiempo porque entra a las 9:30 y su trabajo no le queda lejos. Está contenta de que haya podido conseguir varios logros y un departamento cerca de su empleo que le facilite sus movimientos.

Llega y va respondiendo mensajes y ve las vistas que tuvo su "Instagram Story" mientras sube a su departamento, agarra la ropa que ya tenía elegida para el día y se mete a bañar. Ve que todavía tiene suficiente shampoo, que el jabón corporal todavía es suficiente, pero que el jabón que utiliza para la cara está por consumirse en su totalidad. Lo que ve con cuidado es la cantidad de acondicionador que utiliza para no despilfarrar. Al salir, ve que todavía tiene las suficientes cremas o aceites corporales y productos para la belleza. Se ve al espejo y se comienza a aplicar sus productos de belleza. Se ve al espejo constantemente mientras se arregla y se asegura de que se vea bien y que todo su outfit, peinado y maquillaje esté en orden. Es una mujer que le gusta mucho estar cuidada, con buena presentación, está siempre al pendiente de lucir presentable y le gusta ser así. Esá feliz consigo misma.

Después ve que todavía tiene café y se toma otra taza. Sale nuevamente mientras va viendo en su celular sus redes sociales y ve a las personas que van saliendo también de sus domicilios, ve las vestimentas de todos los que van saliendo, el estado de sus autos y cómo están arregladas sus casas.

En el camino al trabajo, ve nuevamente los anuncios que son cautivadores para ella por sus mensajes y sus imágenes. Al llegar al edificio donde trabaja, comienza a ver los autos de las personas, nuevamente ve cómo están en su estado físico, lo limpio que están, entre otros aspectos de los vehículos y la misma limpieza del estacionamiento. Entra al edificio y ve a la recepcionista, la saluda porque se llevan muy bien como amigas. Ve qué trae puesto y qué está haciendo en su celular y computadora. Se pone a platicar un momento con ella, le cae bien, son amigas y siente felicidad de que esté en un lugar donde pueda estar con gente de su agrado.

Después se dirige a su oficina y va viendo a todo el personal, ve a los compañeros que le caen bien, a alguno que se le hace medio pesado y ve a su jefe directo con el que se lleva muy bien. Después de llegar a su lugar, comienza a ver qué tiene de pendientes como juntas, viajes pendientes, organización y dirección de eventos, campañas de marketing, anuncios publicitarios y asistencias a conciertos/festivales de música/ open-house de algún lugar social en donde hará presencia su marca. Ella se pone a pensar en toda la organización del trabajo, está sintiendo un poco de estrés y presión pero al mismo tiempo está llena de regocijo con lo que hace. Siente que nada le detiene.

Durante su horario de trabajo, trata de completar todo con tiempo y ser organizada y tambien se da tiempo de ver de vez en cuando sus redes sociales personales así como las de la empresa. También ve a dónde puede salir y qué promociones ofrecen para irse a comer durante su tiempo de comida. Ve si hay alguna amiga que le acompañe el día de hoy. Ve que durante el día sí le dará tiempo de completar todos sus pendientes y que tendrá todo organizado para los próximos días donde tendrá eventos a los cuales asistir y organizar. Ve que los proveedores podrán cumplir con las entregas y que los organizadores de eventos podrían también cumplir con todo. Al parecer ve que todo está saliendo bien.

Ve que es hora de salir a comer, se pone de acuerdo para ir con una amiga suya a un restaurante que está cerca de sus trabajos, ve que tienen promociones vigentes y que el restaurante es de su agrado por las fotos y los "reviews".

Sale de su oficina y consigue la ruta más rápida para llegar. Escucha en su Spotify los nuevos playlists que han subido las bandas que sigue o las personas que sigue para disfrutar de su trayecto. En su camino, ve nuevamente los anuncios publicitarios, los carros que le rodean y los lugares que le gustaría ir con su novio y/o amistades.

En el momento en el que llega, ve toda la ornamentaria del lugar, su fachada, las mesas, el personal y ve que es un lugar trendy para ella, que es de su agrado y es un lugar poco común en ambiente y ofrecen comida no convencional a buen precio.

Le gustan lugares increíbles en cuanto a su estilo, que los platillos que le sirven sean deliciosos y se preocupa mucho por disfrutarlos y conocer nuevas alternativas de platillos diferentes. Ella sí cuida su figura sin embargo, comer bien y disfrutar la comida es algo que no le preocupa para nada.

Son las 2:30 todavía le queda una hora para llegar a su oficina nuevamente. Mientras come, ve los anuncios que ponen en las televisiones del lugar, los anuncios de bebidas y de promociones del restaurante. También ve y piensa en la presentación de los empleados, de las personas que están ahí y la vestimenta de su amiga.
Juntas ven en sus celulares publicaciones de amigos en común y personas célebres que siguen. Discuten sobre las publicaciones en Instagram y Facebook las de noviazgos nuevos de sus conocidos, sobre los matrimonios que están celebrando o planeando otras amistades, de los viajes que están haciendo algunas otras personas y también los eventos disponibles a los cuales puede asistir con su amiga o novio.

Una vez saliendo del restaurante, se despiden y sube a su auto. Está contenta del tiempo de calidad que pasó con su mejor amiga. Piensa brevemente en todo lo que han pasado. Regresa a la oficina y ve quiénes de sus compañeros está para ponerse de acuerdo con actividades pendientes en equipo. Planea estrategias de marketing con ellos y hacen lluvia de ideas sobre los eventos posibles para ir checando las mejores opciones para organizarlos. Después de que dan las 7:00 p.m., ve que ya es hora de salir y ve si su novio está disponible para invitarlo a cenar a su casa y pasar un rato juntos. Se siente enamorada todavía de él y está ansiosa por verlo hoy.

Mientras va conduciendo para llegar a su casa ve la iluminación de anuncios publicitarios y ve los lugares nocturnos que le gustaría visitar en fin de semana. Al momento en el que llega a su departamento, ve que su novio ya estaba ahí esperándola porque salió del gym a tiempo suficiente para poderse ver.

Ve que su novio está en ropa deportiva y se muestra feliz de verla. Se meten al departamento y ordenan sushi para cenar mientras en Netflix ven una de las series que a los dos les gusta como Black Mirror, Club de Cuervos y Dark, entre otras que son populares en esta plataforma de series y películas. Se le hace que se ve muy bien, muy guapo y está pensando en lo mucho que han vivido juntos y lo que quiere llegar a seguir viviendo con él.

Al finalizar de cenar y de convivir con él, se despide de su novio a las 11 p.m. y ve qué debe recoger de su departamento y ve qué debe organizar para el día siguiente y tenerlo todo listo para volver a continuar con sus rutinas cotidianas.

Ve qué prendas va a utilizar mañana para el gym y para su día en la oficina. También ve qué productos de belleza, salud y cuidado personal le hacen falta mientras se arregla para dormir. Después, mientras está acostada, ve en su celular nuevas publicaciones en redes sociales, las vistas que tuvieron sus "Instagram Stories" y aparte de las interacciones que ha tenido en las redes sociales personales. Continúa platicando con amigas, grupos sociales y su novio y finalmente, ve las horas que dormirá al dejar su celular en un costado con la alarma lista. Piensa en las actividades de mañana, en lo productivo que fue su día y se siente orgullosa de lo que hace. Se va a ir a dormir con una sonrisa en el rostro.

Sin embargo, en el transcurso del día, Ana también escucha cosa que, de alguna manera, influyen en lo que hace, en sus comportamientos y reacciones. Veamos:

¿Qué escucha?

Lo primero que escucha en su día es una alarma predefinida, no pone canciones que le gusten porque las terminará odiando por repetirse cada mañana. Escucha algunos de los carros de sus vecinos encenderse, escucha una conversación por teléfono de algún vecino que está saliendo de su hogar. Cuando se levanta escucha algunas notificaciones de gente que le respondió en algunas notificaciones de gente que le respondió en alguna red social. Se prepara su desayuno, escucha la cafetera sonar. Cuando sale de su departamento escucha algunos autos arrancar, escucha la voz de alguno de sus vecinos y va escuchando su lista de música de Spotify que ha ido guardando por las listas de conciertos de bandas que le gustan, los "line-ups" de los festivales de música a los que le gusta asistir y los playlists de sus amigos y de gente que sigue en redes sociales, sean amigos o famosos.

Lo que sigue es ahora poner esto en práctica. Ahora vamos a realizar un pequeño ejercicio que nos va a ayudar muchísimo a entender a nuestro *cliente ideal* y lo mejor de todo, a hablarle, a comunicarnos con él/ ella de forma efectiva porque vamos a hablarle con el mensaje perfecto, ese que él espera escuchar.

EJER CICIO 2

Ahora tú, describe el día de tu avatar.

Es muy importante que sigas estos ejercicios. De lo contrario, todo lo que vamos ir viendo no va a terminar de hacer clic en ti. Esto es algo que tú también tienes que ir viviendo al mismo tiempo.

Un aspecto importante sobre la creación de un avatar, que es lo que nos hará profundizar aún más que el ejercicio anterior, es entender que conocer los atributos de mi cliente ideal no es lo mismo que la empatía.

Los atributos son cosas como la edad, el sexo, la extensión de la familia, el estatus socioeconómico, etc. Podemos utilizar esta información para hacer un análisis y muchas otras cosas, pero nunca para asegurar ventas. Sirven y mucho, pero como punto de partida, hay que buscar penetrar en su psicología.

Lo que sucede es que estas características no nos dicen las cosas importantes. ¿Qué los mueve? ¿Qué necesitan? ¿Qué los motiva? Pero ojo, uno de los errores más comunes a la hora de este ejercicio, es que todos o casi todos contestan desde el punto de vista de cómo ustedes (como negocio) ven a estas personas.

Por ejemplo, un negocio ve números, ve estadísticas o ve exclusivamente dinero en una cuenta. Pero antes de todo eso, está la persona que llena ese número, estadística y que de hecho entrega ese dinero.

¡Error! Hay que estirarnos lo más que podamos para ponernos en los zapatos de nuestro cliente, tratar de vivir en ellos, aunque sea un momento y una vez teniendo ese panorama, ahora sí pensar en dónde encaja mi producto, mi servicio, etc.

Por eso los atributos sirven para poder empezar a idealizar esta persona y poco a poco desarrollar verdaderamente empatía con él/ella.

No es lo mismo conocer los hechos a sentirlos y esa diferencia aplica en cualquier relación. Y al igual que en otras relaciones, no puedes hacer eso, a menos que en verdad quieras a tu cliente. Tienes que aprender a sentir como ellos sienten, comprenderlos y querer ayudarlos porque los entiendes y sabes por lo que están pasando.

Eso es la empatía.

De la empatía nace el Copy o el mensaje escrito que vamos a ensamblar para nuestro cliente final, pero esto lo veremos más adelante en el libro.

Ahora que ya vamos siendo más empáticos, fácilmente nos daremos cuenta de algo.

Nuestros clientes se están contando una historia. Y una bastante detallada.

Francamente nunca vamos a poder verdaderamente sentir lo que ellos, pero mientras más personalmente hagamos el ejercicio, más nos acercamos.

A nosotros nos ha tomado hasta 2 meses un solo avatar. Pero con todo lo que aquí vas a encontrar, si le dedicas 2 horas bien concentradas, vas a terminar con un Avatar bien construido.

Crear un Avatar es verdaderamente un ejercicio de empatía, es tratar de experimentar lo que otra persona está viviendo. Esto es así porque una de las claves esenciales o lo que has oído que es vender sin vender significa que cuando en verdad entiendes a tu cliente puedes crear cosas que genuinamente les hablen, cosas que realmente cumplan con sus necesidades. Ahí es cuando la venta "se hace sola".

Es por medio de la empatía que encontrarás dónde hablarle, qué decirle y mostrarle que, ese camino que tu cliente cree que es eterno, en verdad puede cambiar.

Bien, creo que ya estás listo o lista para la última parte en la creación de tu avatar.

Comencemos creando un mapa de empatía.

Ésta es una herramienta muy poderosa que te ayudará a entender y profundizar en diferentes aspectos de tu cliente.

Primero que nada, lo más recomendado es que prosigas con eL ejercicio, justo después de haber reunido varia retroalimentación directamente de ellos.
Este ejercicio es invaluable para poder discernir lo que está implícito, lo que se esconde dentro de lo que sea que hayan dicho.

EJER CICIO 3 | Fórmula DHPS

Material:

- Superficie para escribir. Ya sea un pizarrón, cartulina, etc.

- Sticky notes.

- Un marcador.

Pasos:

1. Divide la superficie donde estés escribiendo en 4, dibujando una cruz a lo largo y ancho que divida el mismo en 4 cuadrantes.

2. En el cuadrante del lado izquierdo arriba escribe - "¿Qué dicen?" En las sticky notes que necesites, escribe qué es lo que literalmente dijeron. Ahora pégalas en este cuadrante.

3. En el cuadrante del lado izquierdo abajo escribe - "¿Qué hacen?" En las sticky notes que necesites, escribe cuáles son los comportamientos que tienen, o que ven y lo que escuchan.

Estos dos puntos son explícitos, pues están basados en en comportamientos, dichos y hechos de las personas.

4. En el cuadrante del lado derecho arriba escribe - "¿Qué piensan?" En las sticky notes que necesites, escribe lo que creen. Tal vez esto no sea algo que dijeron, pero trata de pensar en lo que pudo haberlos motivado a decirlo.

5. En el cuadrante del lado derecho abajo escribe - "¿Qué sienten?" En las sticky notes que necesites, escribe cuáles crees que fueron sus emociones sobre lo que piensan y lo que hacen en su día normal.

Estos últimos 2 puntos son implícitos, ya que dependen enteramente de tu subjetividad. No se pueden saber a un 100%. Hay que adivinar de forma crítica. Por eso, la empatía sigue siendo de lo más importante.

Este pequeño mapa que estás generando se va a convertiren tu mejor guía de la mente y emociones de tu cliente, te va a decir exactamente cómo se siente. Conocer cómo y qué siente te ayudará a moldear la forma final de tu comunicación y hasta para crear contenido de valor (vamos a ver esto más adelante).

Saber qué decir en tus mensajes es importantísimo para cerrar ventas. Mucha gente piensa que el qué y cómo lo dices es casi todo lo que importa.

¿QUE DICE?

¿QUE PIENSA?

¿QUÉ HACE?

¿QUÉ SIENTE?

"*Aunque en el dibujo pareciera que los cuadrantes son pequeños, normalmente utilizamos 2 cuartillas o más para describir detalladamente cada uno*"

Muy bien, ahora que ya nos adentramos más en la vida de tu avatar, vamos a hacer algo.

Toma la historia que escribiste sobre su día.
Con base en lo que hemos visto desde que la escribiste,¿notas algo?

Yo, al menos, en el de Ana veo que me dediqué a describir sus acciones, hasta porqué hacía lo que hacía. Pero no hablé de sus sentimientos, no me metí dentro de su vida realmente, la estaba observando desde afuera.

Lo siguiente que tienes que hacer es tomar esa misma historia que ya escribiste y ahora agregarle emociones.

Esta es la historia de Ana con sentimientos:

Ana despierta con el ruido de la alarma y de un salto está fuera de su cama. Le emociona el comienzo de cada nuevo día porque ella siente que es un reto más en su vida y en su trabajo.
Rápidamente piensa en los pendientes del día y se siente algo presionada con la carga laboral que tendrá que dejar resuelta en las próximas horas. Sin embargo, se relaja por unos momentos revisando su celular y checando sus notificaciones en WhatsApp, Instagram y algún correo importante que le haya llegado.

Siente que debe darse prisa para realizar sus actividades de la mañana antes de llegar a la oficina. Ana es muy activa y en parte esto es lo que la ha ayudado a llegar hasta donde está en su vida laboral.

Desayuna algo rápido, un omelette y una taza de café, y mientras lo hace revisa sus redes sociales. Al ver las fotos y publicaciones de algunas de sus amigas que ya están casadas y tienen bebés e historias de sus viajes y sus logros laborales, Ana siente nostalgia porque también esos son sus anhelos.

Ella se siente frustrada porque aunque da lo mejor de sí en su trabajo y es propositiva, creativa y muy activa, aún no ha logrado escalar hasta donde quiere. Es cierto que le va bien y Ana siente que va por buen camino, pero a veces se desespera porque quiere resultados rápidos, como un mejor sueldo, un mejor carro y más reconocimiento.

Sus pensamientos la regresan a la realidad, se pone su ropa deportiva para ir a su clase de fitness. Esto la hace sentir relajada y le inyecta energía positiva durante su día.

Camino al gimnasio le llama la atención sobre todo uno de los anuncios publicitarios que encuentra a su paso. El mensaje, la estética, el anuncio en sí la impactó y Ana siente que ella podrá lograr lo mismo con sus campañas de marketing: La admiración de la gente que ve el anuncio y su poder para atraer al potencial consumidor hacia el producto.

Ana se siente capaz de conseguir campañas así de mágicas, atractivas y rentables para su empresa y se lo propone como desafío.

Ya en el gimnasio, Ana se siente con toda la energía para comenzar su entrenamiento. Además, en éste lugar ella se siente muy a gusto porque va gente con la que ha habido empatía, se identifica con ellos y persiguen los mismos ideales: estar y sentirse bien consigo mismos y con sus cuerpos.

Luego de terminar su rutina y de subir una "Instagram Story" del momento, porque esto genera en Ana un sentimiento de pertenencia, ella regresa a su departamento.

En el corto trayecto, Ana se siente afortunada de vivir cerca de su empleo, lo cual le facilita sus desplazamientos.

Llega, se baña y se pone la ropa elegida para ese día. Se ve una y otra vez al espejo porque Ana es muy perfeccionista con su apariencia física y su presentación personal. Ella, que trabaja en el área de marketing, sabe que ella misma es una apuesta a favor de su trabajo y de su empresa porque tiene contacto permanente con clientes y empresas.

Se vuelve a mirar al espejo y se siente satisfecha con lo que ve.

Camino al trabajo, Ana se siente nuevamente cautivada por los anuncios que ve. Los mensajes e imágenes de éstos llaman poderosamente su atención y se siente inspirada por ellos.

Ya en su oficina, revisando su lista de pendientes, juntas, viajes, campañas de marketing, anuncios publicitarios y asistencias a eventos a donde hará presencia su marca, Ana siente que el estrés la invade, pero después de un momento recobra la calma y decide priorizar su trabajo para hacerlo de la mejor manera posible.

Ana siente que puede avanzar con los pendientes más urgentes. A pesar de que le va bien en su trabajo, a veces ella se siente frustrada porque siente que su creatividad no es suficiente para impresionar a su jefe y lograr ascender aún más y mejorar su salario.

Ella quiere más reconocimiento de su jefe, quiere sorprenderlo con algo que realmente haga que él la vea como una ejecutiva imprescindible y valiosa para la empresa. Esa es su meta.

Así que empieza a pensar en algo que ella pueda lograr, que sea fuera de lo común y que resulte muy beneficioso para la empresa.

La ventaja de Ana es que aunque por momentos sus sentimientos parecen ir hacia abajo, pronto Ana recupera la cordura y los revierte por sentimientos positivos y optimistas.

De manera que rápidamente retoma sus pendientes, organiza y define todo y se va a comer con una amiga que trabaja cerca de su oficina.

Aprovecha el trayecto para relajarse escuchando en Spotify los nuevos playlists que han subido las bandas que sigue porque esto la hace sentir como nueva, que le despeja la mente y le permite idear cosas diferentes para su trabajo.

En el restaurante se siente muy a gusto. El lugar es de su agrado, tiene un buen ambiente y ofrece comida no convencional a buen precio.

Ana comparte con su amiga algunas opiniones sobre las publicaciones en redes que han hecho sus conocidos y se siente feliz de haber disfrutado un rato de convivencia y relajación con ella.

De regreso a su oficina se siente con nuevas energías y dispuesta a avanzar rápidamente en la organización de los eventos. Hace trabajo en equipo, planea estrategias de marketing y siente que ella puede aportar propuestas y métodos novedosos para hacer más eficientes y efectivas las campañas de marketing y los eventos de la marca.

Termina su día laboral y siente ganas de ver a su novio.

Lo extraña. Ana está enamorada de él y le gusta compartir tiempo a su lado.

Él ya la espera en el departamento y Ana siente que ella es importante para él. Cenan juntos, ven una serie en Netflix y platican sobre sus trabajos. Ana siente que más allá de su relación amorosa, su desarrollo en la empresa es algo que su novio admira mucho. Él valora lo que Ana ha logrado como profesional y esto la impulsa a hacer las cosas cada vez mejor. Ana se siente apoyada, amada y admirada, lo cual hace que esos sentimientos de frustración que a veces experimenta en su trabajo se transformen en verdaderos retos a lograr por ella.

Se despide de su novio, organiza el departamento y se va a la cama. Ese es el lugar donde vuelve a sentir una completa paz y tranquilidad. Le da una última revisada a su celular y termina su día imaginando nuevas maneras de hacer su trabajo, de sobresalir en él y de darle a su empresa la satisfacción que quiere.

¿Ves la diferencia? Se siente muy distinto una de la otra. Esta última te da mucho más acceso a la persona que es Ana.

Para que puedas consultar todas las actualizaciones de este libro, ve al siguiente enlace:

https//www.experienciaa.com/libro

EJER CICIO 4

Haz que tu personaje sienta su historia.

Ahora, hazlo tú. Haz que tu personaje sienta su historia y escríbela nuevamente, pero ahora explorando lo que puede estar sintiendo.

Vive su historia, analízala. Recuerda que estás haciendo todo

esto para encontrar en dónde entra lo que tú vendes, cómo vas a convencer a tu cliente.

Mira un ejemplo de poner en perspectiva esto. ¿Recuerdas cuando le estábamos hablando a mi mamá y a sus amigas?

Bueno, si yo les digo algo como: "Oye, yo sé que estás muy ocupada. Estar al tanto de la familia no es trabajo fácil y no parece que haya mucha gente que se lo tome en serio. No muchos piensan que los hijos sean un trabajo en sí...", todo esto, resuena en ellas. Si yo junto a mi mamá y a sus amigas y les digo esto y aparte les vendo un "algo para que tengan más tiempo" o alguna otra cosa que necesiten, te aseguro que la mayoría de la mesa, si no es que toda, me compra.

Es como un niño o niña cuando piden permiso para salir. Antes de precisamente pedir el permiso hablan de lo bien que les está yendo en clases, de lo buena persona que es "x" o "y" amiga o amigo y, en fin, de muchas cosas para pintarte un escenario en la cabeza o generarte una idea específica para que cuando salte la pregunta el papá o mamá casi no pueda negarse a dar dicho permiso.

Lo sé porque yo lo hacía cuando era más joven.

A esta siempre vigente técnica, le llamamos "preempting" que significa algo así como "una acción tomada para prevenir" o "adelantarse".

CAPÍTULO 2

ECA 12

En este capítulo veremos lo que es el viaje del héroe. En lo que refiere a la estrategia que estamos buscando armar, este viaje del que hablamos va a ser la fuente principal de información que vamos a usar para ensamblar y moldear el mensaje ideal para nuestros clientes.

Nuevamente, un punto súper importantísimo. Esto sigue atendiendo a tu Avatar, aún SIN tu marca, negocio, empresa, ni startup. Pero no te preocupes, todo tiene un porqué y más adelante vamos a ver como todo embona.

Ya estamos familiarizados con sus ideas, algunas de sus preocupaciones, sueños, deseos, etc. Pero aún tenemos que ir más adentro.

Puedes pensar en todos los ejercicios anteriores como una forma de crear un personaje. De hecho, no sé si te diste cuenta, pero nos basamos en muchos de ellos para explicar lo que buscábamos. Incluso la historia del día a día nos preparó para este preciso momento. Para el ejercicio que debemos seguir ahora.

Recuerda, es de suma importancia que sigas estos ejercicios, en esta sección muchas cosas se van a aclarar y vas a ver cómo el mensaje va tomando forma, por qué es inescapable y, sobre todo, por qué necesita tanta construcción.

El viaje de el héroe es solamente un término que se refiere a un modelo que muchísimos relatos, historias y narrativas siguen. Lo interesante es que esta forma la encuentras en historias alrededor de todo el mundo y de diferentes culturas.

Un estadounidense llamado Joseph Campbell analizó muchas historias de diferentes culturas, épocas y tradiciones. Lo que encontró fue un patrón en la estructura y desarrollo de estas narraciones, las reunió y así identifico algo muy especial de la mente humana.

Estamos hablando de cuentos de todo tipo, tanto de narrativas religiosas, como mitos, leyendas, fábulas, etc.

Lo que esto quiere decir, al menos en lo que a nosotros nos interesa, es que hay una forma que parece muy natural para las personas. Como si esta forma de hacer una historia resonara con muchas personas en cualquier parte del mundo.

Es algo que ha estado pasando a lo largo de toda la historia, desde la Odisea hasta el Rey León. Imagina cómo podrías usar esta herramienta a tu favor.

¿Recuerdas que hablábamos sobre cómo las personas se van a reflejar en el personaje, en tu avatar?

Muy bien, imagínate que ahora sitúas a ese avatar en una historia que aparte es igual de reconocible en cómo se cuenta para casi todo el mundo, sin exagerar.

Imagina que de este combo sacas el contenido de tu mensaje, de toda la comunicación de tu empresa.

EJEM PLO | De la vista nace el amor

"De la vista nace el amor y tu esposo no es diferente. ¿Has sentido que ya no es lo mismo? ¿piensas que ya no te ve como antes?

Así pasa, entre llevar a los niños a la escuela, el trabajo, el qué hacer de la casa, tratar de hacer que el dinero alcance para todo y obviamente pasar tiempo con la familia y las amigas, casi ni nos queda tiempo para comer saludable. Y la realidad es que en temas de pareja, el cómo nos vemos, aunque no es lo principal, es algo bien importante.

Lo bueno de todo esto es que está comprobado que llevar una vida sana es la mejor forma de sentirte y verte increíble.

Sí, el proceso no es fácil pero también sabes que no es imposible y las cosas más simples hacen la diferencia".

Eso que acabas de leer es como podría quedar el inicio de un anuncio para llegar a un público preocupado por su peso. Les hablas de sus preocupaciones, de cómo se sienten, no de la solución que vendes, al menos todavía no.
Una persona interesada en bajar de peso que lea esto y tenga cosas en común con el avatar va a preferir lo que sea que le ofrezca, porque le estoy demostrando que la entiendo, por encima de cualquier otro anuncio que por lo general tienen un texto como:
"Pierde hasta 20 kilos en los primeros 3 días", que suenan más a promesas mágicas que a otra cosa.

¿Suena bien?

Y lo mejor es que nosotros sabemos cómo hacer exactamente esto.

Ya empezaste a hacer esto, de hecho, si ya creaste tu avatar, ya vas muy adelantado. Y eso que aún no llegamos a la mejor parte.

Así que comencemos.

Ya que estamos empezando a hablar sobre historias.

Uno de los errores principales que ocurren en esta etapa es que todos creemos que la historia se trata de nosotros.

Como ya habíamos dicho antes. No se trata ni de nosotros, ni de nuestro negocio, servicio o producto. Siendo honesto, a nadie le importa tanto tu negocio como a ti y me refiero a que va a ser muy difícil que alguien quiera escuchar esa historia, TU historia, y menos un desconocido que todavía no es tu cliente.

No quiero ser grosero, pero es la verdad. Preguntante si una buena forma de convencerte a ti que estás leyendo este libro, sería contándote toda la historia de una compañía. Yo sé que seguramente has sudado y sufrido para llegar hasta donde estás y claro que tiene valor y es importante, seguro debe de ser una historia bastante interesante, sólo no para tus clientes.

O ¿qué? ¿Acaso tienes este libro en tus manos porque yo te conté toda la historia de Experiencia A? Francamente, no lo creo. Pero eso no importa.

Nuestras historias, son para nosotros y para quien quiera escucharlas, pero no para nuestros clientes ideales en potencia. A ellos, muy seguramente sólo les interesa una historia, la misma que debería interesarte a ti, ¡La suya!

En el capítulo pasado vimos que ellos están buscando una vida mejor, esa es la historia que quieren vivir. Y nosotros, vamos a contarles esa historia. Así de simple.

Sí, tal vez la historia que estamos a punto de desarrollar, primero que nada, va a ser una ficción, pero no pasa nada. No le vamos a prometer el cielo y las estrellas y no darles nada.

¡Claro que no! Son nuestros clientes IDEALES por algo.

Más bien, lo que vamos a hacer es tomar su historia y primero que nada analizarla.

Quiero volver a decirlo: la historia que vamos a analizar, investigar y contar es la de ellos. Esto puede ser un proceso un poco desesperante porque hay mucho trabajo qué hacer antes de que tu producto o servicio siquiera aparezca en el mapa.

Claro que lo hará, pero nosotros seremos más bien los mentores y nuestro producto o servicio una solución, el héroe siempre será tu cliente ideal. Siempre. Sin excepciones.

¿Por qué esta táctica funciona? Como decíamos al inicio de este capítulo, es parte de nuestra naturaleza, sin importar de dónde seas, qué hayas hecho, ni qué creas.

Sólo ponte a pensar cuántas veces no has ido al cine y conoces a un héroe nuevo. Al que tienes en pantalla. Piensa cómo, mientras más se va desarrollando la historia, más te vas enamorando de él o ella.

Cómo todas las cosas que le pasan te van atrapando y te van metiendo cada vez más en la película, novela o serie que estés viendo o leyendo.

Imagínate una marca que le haba a sus clientes sobre la marca misma, la verdad es que a sus clientes potenciales no les interesa, a menos que estén básicamente desesperados. Y estos son muy pocos.

Pero si una marca le habla a sus clientes sobre ellos, sobre lo que seguramente están viviendo, sintiendo, etc., generan un interés inmediato.

Esos sucesos pasan en ese orden por algo. Hasta hay veces que puedes intuir un poco qué es lo que va a pasar. Tiene que ver con que ya reconoces parte del tipo de historia que está sucediendo. La ves en todos lados y hasta la reconoces en tu propia vida.

Así también contaremos su historia y así también ellos se identificarán.

Puedes contar una historia como "¿Sabías que x cosa pasa por esto? ¿Apoco no te hace sentir así? Bueno, eso es porque a lo largo de tu vida te han enseñado a hacer esto,. etc."

Después de que describes incluso hasta cómo viven, ahora sí puedes ir introduciendo tu marca. Por ejemplo "Yo me di cuenta de esto y necesitaba hacer un cambio. Decidí probar esto y ¡qué diferencia! Ahora sí podía...

Mientras más honesto y creíble sea todo, mejor vas a conectar con ellos.

Primero que nada, vamos a ver cómo se conforma el viaje del héroe.

Este viaje tiene 12 etapas o pasos que el personaje principal o en este caso, tu Avatar, va a seguir a lo largo de la historia que vas a inventar.
Esa historia la vas a inventar partiendo de las cosas que ya identificaste en los capítulos anteriores.

No te preocupes, no tienes que ser ni Gabriel García Márques, ni Stephen King para hacer esto.
No vas a crear una obra literaria (a menos que quieras), lo que buscamos es información sobre nuestro Avatar y hacerlo vivir, aunque sea en nuestra mente y aunque sea un Frankenstein de puras ideas, ¡qué viva!

Estos 12 pasos nos ayudan a identificar en qué parte de la historia y de su desarrollo, se encuentra nuestro héroe. Y a ti te va a dar mucho material para construir desde anuncios, hasta saber cómo contestar cuando se comuniquen contigo.

Un ejemplo con el que todos podemos identificarnos, lo encontramos en la historia del "Rey León".

EJEM PLO

12 pasos para identificar en qué parte de la historia se encuentra nuestro héroe.

1. Mundo ordinario. Aquí inicia todo

Joseph Campbell lo define como:
"El mundo normal del héroe antes de que la historia comience".

Esta parte se refiere al impactante y emotivo inicio de la obra, en el cual el personaje de Rafiki presenta ante todo el reino a nuestro héroe, Simba. Aquí comienza nuestro majestuoso recorrido.

2. La llamada de la aventura.

"Al héroe se le presenta un problema, desafío o aventura".

Aquí comienza el andar de nuestro héroe, Simba, un ccachorro de león que tiene el ímpetu de mostrar que es un digno heredero al trono, por lo que trata de demostrarle a su amiga Nala que es valiente y la invita a explorar el cementerio de elefantes, un lugar que su padre, Mufasa, ya le había prohibido visitar.

3. Resistencia del héroe o rechazo de la llamada.

"El héroe rechaza el desafío o aventura por miedo al cambio".

Simba es rescatado por su padre Mufasa de un trío de Hienas que se lo querían comer en el cementerio de elefantes, es aquí donde nuestro héroe se da cuenta que no tiene lo necesario para ser un Rey y que su travesura pudot haber terminado en tragedia.

4. Encuentro con el mentor o ayuda sobrenatural.

"El héroe encuentra un mentor que lo hace aceptar la llamada y lo informa o entrena para su aventura o desafío".

Mufasa funge como el primer gran mentor de Simba, pues a pesar de estar muy decepcionado con su hijo por haberlo desobedecido, le muestra a través de uno de los grandes números musicales "Están en ti" que en cada estrella y en cada ser puede encontrar la fuerza de sus antepasados para solucionar cualquier problema que se le presente en el futuro.

5. Cruce del primer umbral.

"El héroe abandona el mundo ordinario para entrar en el mundo especial o mágico"

Esta fase se desarrolla durante la escena de "La Estampida", donde Simba cae en los engaños de su tío Scar, que desea ascender al trono por encima de Mufasa y de su heredero, por lo que, junto a las hienas, desatan la furia una manada de ñus, que acorralan a un indefenso Simba, quien es rescatado por su padre, pero Mufasa muere en el intento. Ante este desolador panorama, nuestro héroe asume la culpabilidad de la muerte de su padre, y hace caso a su tío Scar, escapando del reino con la consigna de no regresar nunca.

6. Pruebas, aliados y enemigos.

"El héroe se enfrenta a pruebas, encuentra aliados y confronta a enemigos. Aprende las reglas del mundo especial"

La desolación de Simba es enorme, se siente muy culpable de la muerte de su padre, hasta que llegan a él Timón y Pumba, que mediante la filosofía del "Hakuna Matata" le enseñan a nuestro héroe que no debe haber problemas que lo hagan sufrir, y que debe vivir la vida sin preocuparse.

7. Acercamiento.

"El héroe tiene éxito en las pruebas"

Simba crece con sus nuevos amigos y aprende a vivir en la jungla.

8. Prueba difícil o traumática.

"La crisis más grande de la aventura, de vida o muerte"

Este momento llega tras reencontrarse con su amiga de la infancia, Nala, quien le hace ver que el reino necesita de él, pues con su tío Scar la comida es escasa y el reino ha caído en declive. Él no acepta su destino, pues en la jungla es muy feliz, y al no poder superar la culpabilidad de la muerte de su padre, rechaza volver al reino. Durante el número musical "Noche sin fin" Simba se confronta emocionalmente y se cuestiona sobre su lugar en el mundo.

9. Recompensa.

"El héroe se ha enfrentado a la muerte, se sobrepone a su miedo y ahora gana una recompensa"

El momento más emotivo de la obra se desarrolla

cuando Rafiki, segundo mentor de Simba, le hace ver durante el número musical "Él vive en ti" que debe aceptar su destino, y que debe superar sus miedos y traumas del pasado para salvar a su pueblo y ascender al trono. Simba tiene una visión de su padre y decide volver a ocupar el lugar que le pertenece.

10. El camino de vuelta.

"El héroe debe volver al mundo ordinario".

Simba regresa junto con Nala y sus amigos, Timón y Pumba, a recuperar lo que le pertenece, y a derrocar el reinado de su tío Scar.

11. Resurreción del héroe.

"Otra prueba, donde el héroe se enfrenta a la muerte y debe usar todo lo aprendido"

Simba confronta a Scar y a las hienas. Nuestro héroe ya es lo suficientemente fuerte como para derrocar el infernal reinado de su tío, y aunque le da la oportunidad de huir y no volver jamás, Scar lo traiciona por la espalda, pero Simba se da cuenta y lo esquiva. Scar termina siendo devorado por las hienas.

12. Regreso con el elixir.

"El héroe regresa a casa con el elixir y lo usa para ayudar a todos en el mundo ordinario"

Simba supera el trauma de la muerte de su papá, entiende que fue un accidente y nuestro héroe asume el reinado del pueblo. Simba y Nala tienen un cachorro que es presentado por Rafiki ante todo el reino. Se repite el ciclo de la vida.

Con esto podemos ver que los 12 pasos nos acompañan desde hace mucho y han sido utilizados una y otra vez para darle sentido a más de una historia.

Desde ahorita te digo, no te desesperes, esto tiene mucho más importancia de lo que crees:

1 EL MUNDO ORDINARIO

Éste es el momento donde comienza nuestro héroe. El día donde se despierta, básicamente no está sucediendo nada, tiene los mismos problemas de siempre; es su mundo cotidiano. Aquí puedes especificar, a qué se dedica, cómo es un día en su vida, qué piensa, etc., literalmente, un día normal en su vida.

2 LLAMADO A LA AVENTURA

Algo le sucede, a nuestro héroe le llega una invitación, puede ser información nueva sobre algo en específico, una oportunidad de cambio que motiva al personaje precisamente a cambiar. Un llamado a lo desconocido. Es algo emocionante. (NO tu producto, todavía no).

3 RECHAZO DE LA LLAMADA

Al principio, nuestro héroe rechaza la invitación y se queda en su comodidad. Esto puede ser porque siente miedo a lo desconocido, quiere quedarse en su zona de confort. Puede ser también por su sentido del deber u obligación, lo lleve a permanecer en su situación normal. En ésta parte pondríamos los pretextos que tu Avatar expresaría para resistirse al cambio.

4 ENCUENTRO CON EL MENTOR

En esta situación, nuestro héroe se encuentra con un mentor. Ojo, nosotros nos describimos a nosotros como los mentores, pero esto no necesariamente quiere decir que aquí ya entras tú o tu producto. De hecho, por fines prácticos, aquí todavía no existes tú, ni tu producto. Puede ser hasta un video, ad, tweet, blog, etc., no necesariamente una persona o personaje. El mentor puede ser una persona o una situación, algo que él o ella (tu avatar) escucha o ve. El mentor en este punto es aquel que le va a ayudar a tomar la decisión de la aventura, a dar el salto y a salir de su comodidad.

5 TRAVESÍA DEL UMBRAL

Después de todo este proceso, es cuando pasa del mundo ordinario (zona de confort) a el mundo especial. Éste mundo especial es donde el personaje vive toda su aventura. En éste punto, tu avatar decide hacer un cambio. Es importantísimo hablar de cómo se siente.

6 LOS ALIADOS, ENEMIGOS Y PRUEBAS

En este punto se presentan todos los posibles amigos y enemigos de nuestro héroe. También aparecen las pruebas iniciales para él. El héroe es puesto a prueba y busca alianzas en este nuevo mundo. Es como su primera aventura y sus primeras treguas.

Aquí los enemigos o aliados no necesariamente tienen que ser personas, pueden ser objetos inmateriales, pedazos de información, etc. Vamos a aterrizarlo tantito: Un aliado o enemigo puede ser "un anuncio", "video de youtube", "estudio que avale o vaya en contra de lo que él o ella dice o piensa". (todavía sigue sin ser tu producto/servicio, ni tú).

7 ENTRA A LA CAVERNA MÁS PROFUNDA

Después de haber batallado en esa primera aventura, obviamente nuestro héroe puede darse cuenta que no está listo. Sufre una derrota o algún otro acontecimiento donde se da cuenta de que "es más difícil de lo que parece". Así que se manifiesta su rechazo al cambio. Es casi una pequeña crisis existencial.

Se prepara para el nuevo reto en este nuevo mundo.

8 LA ODISEA, LA MUERTE Y LA RESTAURACIÓN

Ésta parte es más o menos a la mitad. Entra en un espacio esencial y confronta a la muerte o su más grande miedo y de este conflicto surge una nueva vida. Una renovación.

9 LA RECOMPENSA, ELIXIR DEL CONOCIMIENTO

Al haber vencido, el héroe toma posesión de la recompensa que ha ganado al enfrentar la muerte, pero en la historia sigue habiendo incertidumbre sobre perder ese tesoro una vez más.

10 REGRESO CON PRECAUCIÓN, GRAN LUCHA FINAL

El héroe es llamado a completar la aventura dejando el mundo especial para asegurarse que el tesoro llegue a casa. Por lo general, una escena de persecución muestra lo peligroso de la misión.

11 NUEVA RESURECCIÓN

En el clímax, nuestro héroe es puesto a prueba antes de llegar a casa. Él o ella es purificado por un último sacrificio y otro momento de muerte, pero en un nuevo y más completo nivel.Con las acciones de nuestro héroe, las polaridades que estaban en conflicto en un inicio, se resuelven. Un ejemplo podría ser cuando "ve cambios gracias al esfuerzo que ha hecho yendo al gimnasio".

12 RETORNO CON ELIXIR DEL CONOCIMIENTO

El héroe regresa a casa o continúa su viaje llevando consigo algún elemento del tesoro que pueda transformar el mundo, así como él o ella ha sido transformado. En este punto, la solución ya es parte de su vida. Por ejemplo, el ejercicio ya no cuesta trabajo y lo ha incorporado a su vida perfectamente.

Después de ese último paso, obviamente tu producto o servicio ya entró. Pero no te preocupes, no te voy a traer adivinando.

Vamos a ver una de las mejores formas de explicarte esto. Y eso es con un ejemplo.

Te voy a presentar a continuación el viaje del héroe de una empresa que provee un servicio de marketing.

Dicha empresa es de uno de los participantes del curso, por lo cual no vamos a mencionar qué empresa es.

El dueño muy amablemente nos dio luz verde para poder enseñar el viaje de héroe de su avatar.

Por lo mismo, le he cambiado el nombre a su avatar y lo he reemplazado por el mío (Ana) porque además encaja perfecto dentro de las necesidades de Ana.

La empresa ofrece un servicio de proveer herramientas de control y estadística para la organización de eventos.

Un servicio novedoso, pero nada sencillo.

Increíblemente, en la primera junta que tuve con esta persona después del curso de Story Dealers, me enseñó sus números y me presumió que tuvo, en tan solo un par de meses, el crecimiento que batalló en lograr de un año entero.

Para ser honestos, al principio ni yo le creí tanto, pero los números nunca mienten.

Así que veamos el viaje que armó:

EJEM PLO |

Ana

Mundo ordinario

Ana tiene 35 años, vive sola en un departamento en la Ciudad de México, tiene un Vento de la VW, trabaja como Licenciada en Mercadotecnia y percibe $25,000 como salario mensual. Está encargada de todo el equipo de personas para planear estrategias de posicionamiento, eventos para hacer presencia, proveedores y organizadores, entre otros aspectos administrativos y de publicidad/posicionamiento.

Quiere ganar más dinero ($30,000 +) para poder darse una mejor vida a sí misma y cumplir varias metas (véase el resto de las preguntas). Para lograrlo tiene que entregar mejores resultados para la compañía, debe estar como la persona con la que su jefe puede contar y tener, casi siempre, una idea y una solución para cada situación que su jefe le encomiende. Quiere ser reconocida por parte del personal, de su jefe, de sus amistades y de sí misma. Con reconocimiento se refiere a ser vista como una persona capaz de llevar a cabo actividades que a nadie le saldrían mejor que a ella, se refiere a ser vista como una persona proactiva con la que se puede contar para llevar a cabo acciones y tomar decisiones buenas para el equipo y la compañía y, por lo tanto, quiere ser reconocida como la top y la que merece un puesto administrativo todavía mejor. Para lograrlo debe tener consigo los mejores contactos para la administración de eventos que se le encomiendan, debe estar al tanto de su personal a cargo y debe conocer las mejores plataformas y softwares para llevar a cabo campañas exitosas de marketing.

Aparte, debe estar preparada con libros, blogs y otros documentos y herramientas que le sirvan de apoyo y ayuda para lograr estar en la cima.

Llamado a la aventura

Ella, en su búsqueda de información, se encontró con un Ad en Facebook, mientras estaba checando fotos de sus amistades en la hora de la comida, que mencionaba una página web que permitía tener control del usuario en cada evento, cada registro, contenido que se sube y estadísticas en tiempo real sobre los contactos, las personas que van llegando y tiempos del evento. Le llamó mucho la atención y se vio interesada en recibir más información sobre eso.Quizá esa sea una buena alternativa para el control de loseventos, el personal y los invitados, pensó Ana.

Rechazo de la llamada

Recibió información por correo y quizo llegar más adelante, se sintió por un momento bien preparada para continuar investigando más y estuvo por contratar el servicio para hacer pruebas y saber si será lo indicado en su trabajo para tener mejor control y para mejorar el rendimiento y los números ante sus jefes, pero hubo cosas que no supo cómo funcionaban cuando estaba investigando más y las consideró complejas a su punto de vista porque antes no las había manejado

Encuentro con el mentor

Sin embargo, recibió un mensaje de el encargado de Yumiwi, con información sobre la manera sencilla de usar el servicio. El mensaje iba en un correo personalizado hacia ella con videos de muestra del uso, su fácil manejo y lo inmediato e increíble que es obtener resultados reales en tiempo real durante los registros en los eventos.

El héroe pasa el primer umbral (cruzando el umbral)

Ella se mostró decidida, tomó inciativa en pedir lo necesario de Yumiwi, capacitarse y colaborar para programar correos, subir contenido disponible. Ella se mostraba indecisa con los tiempos de entrega, la calidad de los materiales que estaría utilizando y la información que tenía que ir aprendiendo; sin embargo, logró recibir todo a tiempo y forma y tuvo una rápida capacitación de uso de plataformas y herramientas.

El héroe se encuentra con pruebas y ayudantes (pruebas, aliados y enemigos)

Pruebas: ella tuvo muchas dudas sobre el uso de las plataformas, los ejemplos de estadísticas y las herramientas que le brindan para registro, control y administración del evento.

Aliados: ella contó con el apoyo de dos buenos compañeros de trabajo que saben manejar herramientas de estadísticas y conocen de dispositvos móviles para facilitar el uso de las herramientas de registro que se le brindaron.

Enemigos: contaba con poco tiempo para mostrar la solución que buscaba su jefe, impresionarlo y terminar con un buen evento organizado como ningún otro antes, aparte de estar demostrándole el fácil uso y la rapidez en resultados immediatos. Ella escuchó que unos compañeros de trabajo mencionaron que era poco práctico el uso de todo eso porque sentían que era algo nuevo que no funcionaría, pero Ana decidió continuar con ello porque ella sí entendió el uso de las herramientas de registro.

El héroe llega al reto más peligroso (se acerca a la oscuridad)

Llegó el momento de explicar a su jefe la solución, está preparada para enfrentarlo y decirle que tiene un método mejor de obtener resultados, registrar a las personas y que es algo que se podía aplicar inmediatamente para el evento, que era en dos días. Su jefe se mostró indeciso, desconfiado y con planes de reserva en caso de que fracasara, pero apoyó la idea de todos modos y Ana se sentiría culpable en caso de fallar, no alcanzaría una de sus metas y podría perder la confianza de su jefe y la credibilidad de su equipo.

El día del evento ya se aproximaba.

El héroe soporta el obstáculo más grande

Llegó el día del evento, tenía la aplicación instalada en los dispositivos móviles, tenía las bandas de registro y la lista impresa y digital de los invitados. Estaba preparada en caso de que no resultara como esperaba; sin embargo, había realizado varias pruebas que sí funcionaron para registrarse. Aparte de eso, tenía todo listo, tal cual funcionaron las pruebas que hizo previamente. Sin embargo, uno de los dispositivos móviles de registro comenzó a mostrar problemas con la aplicación y se necesitaba para evitar el amontonamiento de las personas. Empezaron a juntarse y estaban tratando de tener paciencia en lo que se utilizaban menos dispositivos móviles de registro.

Resurrección

En un momento libre y de menos flujo reinició el teléfono y funcionó perfectamente, logró continuar con el registro, con la toma de fotografías, con las diferentes funcionalidades de contenido y estadísticas que le brindaba Yumiwi y, aparte, logró demostrar a su jefe que estaba en total control de la organización del evento y con mayor facilidad. El evento salió adelante, las personas estaban fascinadas con el uso de las pulseras de registro y su sencilla interacción con otros invitados. Se pudo tener mejor control y le demostró a su jefe que todo salió bien.

El héroe se apodera de la espada (su recompensa)

Casi al final del evento, el jefe de ella le comentó que estaba muy satisfecho con lo que sucedió, que vio algunas dificultades al principio, mientras ella y sus compañeros entendían el uso e interacción entre usuarios con la aplicación, pero reconoció que se solucionó y que todo salió muy bien. Ana logró impresionar a su jefe con la experiencia del día con las herramientas de Yumiwi y comentó que éstas le servirían para facilitar muchos eventos en adelante. Su jefe le comentó que era posible pagarle mejor con cada evento que se realizara así.

El camino vuelta a casa

Ana estaba feliz, obtuvo lo que quería implementando las nuevas herramientas de registro, control estadístico y de interacción entre invitados. Ahora estaba mejor informada y feliz por los beneficios que obtuvo laboral y personalmente.

Regresa con el elixir

El conocimiento que tuvo con el evento de prueba con Yumiwi funcionó, supo cómo dominar los posibles contratiempos y cómo contrarrestarlos para la administración de los eventos siguientes. Ella ya estsaba muy consciente ahora de cómo podía llevar a cabo diferentes eventos y alrededor de cuántos dispositivos móviles necesitaría en adelante, así como los contenidos y cómo relacionar a los usuarios invitados con sus pulseras.

Para que puedas consultar todas las actualizaciones de este libro, ve al siguiente enlace:

https//www.experienciaa.com/libro

¿Qué te parece?

Es una historia muy centrada en el avatar de las personas que ofrecen servicios o herramientas de registro para facilitar el control de los eventos. Y no, la persona que escribió la historia no es un escritor reconocido, ni mucho menos. Es un emprendedor, como podrás imaginarte. Y si la historia te pareció muy realista, esto es sólo porque nuestro amigo empresario se tomó el trabajo de conocer muy bien a su avatar, sobre todo sus necesidades.No tiene que ser tu caso, pero ayuda.

Ahora que ya vimos toda esta información vamos a mencionar nuevamente algo fundamental.

No pienses en cómo tu servicio o producto embonan con tu cliente final, que es tu héroe. Todavía no.

Y BUENO,
¿PARA QUÉ SIRVE TODO ESTO?

Éste ejercicio es básico para muchísimas cosas. Puede parecer una ruta larga, pero no hay mejor vía que ésta para conectar con tu cliente ideal.

Créeme, a nosotros nos encantaría que hubiera algo más corto e igual de efectivo. Hasta hoy, no lo hemos encontrado.

A pesar de ser un ejercicio que estarás haciendo tú a partir de lo que ya sabes, estás penetrando en la mente de tu cliente ideal. Al final usarás todo esto que encuentres para ligarlo ahora sí a tu producto o servicio. Va a pasar, te lo garantizo.

Si te diste cuenta, cada paso del viaje del héroe es un problema que tu avatar tiene. Y para cada paso, hay una respuesta que están buscando.

Si tú dibujas de forma correcta este traslado, si tú puedes adelantarte y darles la respuesta que buscan, sabrás identificar en qué paso se encuentran y, por lo tanto, qué responder a sus preguntas y preocupaciones reales, de forma correcta.

Esto sólo te asegura convertirte en un maestro para ellos, en alguien en quien confían y, por ende, alguien a quien le compran. Ellos te verán como alguien que sabe por lo que ellos están pasando.

Más concretamente, tú vas a tomar partes de su viaje para alimentar tu comunicación.

EL VIAJE DEL HÉROE SIRVE PARA:

1 Encontrar los posibles bloqueos que un cliente tiene y que tú vas a destruir con CONTENIDO DE VALOR, para después ayudarlo a llegar a tu producto. (No te preocupes, en breve veremos cómo).

2 Esto prepara a tu cliente para comprar TU producto.

3 Esos miedos se tornan en el inicio de tu copy (el mensaje en tu publicidad que también veremos más adelante) para tus anuncios.

4 Sirve para entender a tu cliente ideal mucho mejor y desde ahí, generar el mensaje correcto para él/ella.

Ahora si, vamos al ejercicio que sigue.

EJER CICIO 5 | Crea el viaje de tu avatar

Ahora hazlo tú.
En base a los ejemplos que te proporcionamos, crea el viaje de tu avatar.

Mi mejor recomendación es que hagas esto en un momento en el que tengas tiempo y lo hagas por pasos. Esto es, por cada uno de los escenarios en los que tu avatar se va ir desenvolviendo.

Comienza con el "mundo ordinario", que si te das cuenta no es muy distinto de lo que ya hiciste en el día que describiste.

Usa eso para empezar esta historia.

Para que puedas consultar todas las actualizaciones de este libro, ve al siguiente enlace:

https//www.experienciaa.com/libro

CAPÍTULO 3
FUNNELS

INTRODUCCIÓN A LOS FUNNELS

OFERTA

Hasta este punto podemos decir que ya conocemos perfectamente a nuestro cliente ideal, que el avatar que has construido es un reflejo impecable de él o ella y que, además, te cae bien.

Vimos que todo eso que pasa en su mente es importantísimo porque es lo que nos ayuda a llenar y desarrollar nuestro mensaje. Aparte, vimos cómo desarrollar su historia, como contarla para que en verdad conecte.

Esto es apenas la parte inicial de la creación del embudo o funnel que vas a desarrollar.

Pero la buena noticia es que esa fue la parte más larga y difícil. Todo lo que sigue es simplemente estructuración. Aún hay que hacer trabajo, definitivamente, pero mientras más sigamos avanzando, más va a ir teniendo sentido todo.

Para comenzar a acercarnos a él, ahora si hay que ponernos a pensar en nuestro negocio. Nuestro Producto y/o servicio.

En este capítulo vamos a desglosar y profundizar en ¿qué estamos ofreciendo?
Y aunque no lo creas, esto nos va a ayudar mucho a generar una parte esencial de nuestra estrategia. Vamos a observar nuestro producto y cómo lo estamos ofreciendo.

Seguimos con las preguntas. Si algo puedes asegurar que conoces muy bien, ha de ser tu propio negocio ¿verdad? No lo dudo. Vamos a ver de qué está hecho. Yo sé que conoces sus partes; pero, ¿qué tan organizadas están? y ¿cómo podemos organizar sus piezas dentro de nuestra estrategia?

Esto es clave porque lo que estamos haciendo, tanto con el viaje del héroe que acabamos de ver, así como con esta nueva información que apenas te voy a mostrar, es a ensamblar las partes fundamentales de nuestra estrategia.

Recuerda, vamos viendo parte por parte a fondo y poco a poco cuadrándola dentro de lo que hacemos.

Empezamos identificando nuestra oferta.
Hay que aclarar algo muy importante aquí: No me refiero a un descuento o promoción.
Yo no lo hago, al menos no así.

Al decir oferta me estoy refiriendo a ¿qué es eso que está vendiendo?

Menciono esto porque hay muchas cosas que seguramente estás vendiendo y, por lo general, queremos venderlas todas. Te entiendo, yo sigo siendo así.
Excepto por una cosa muy importante: No lo vendo todo al mismo tiempo.

Mira me refiero a esto. Primero hay que identificar qué estas vendiendo directa o principalmente.

Cuando un cliente llega a tu negocio y quiere comprar, compra un servicio o producto, nuestra oferta principal. Podemos decir que esto es lo que tratamos de vender más directamente. Por ejemplo, si tomamos la historia del capítulo pasado, recordarás que el nutriólogo con el que trabajamos, vendía una forma de franquicia de una metodología de alimentos. Ok., esa franquicia de esa metodología, es suoferta principal.

Si tienes un negocio de limpia alfombras, la limpieza de alfombras es tu oferta principal ¿Ves a lo que me refiero? Aquello que vendes u ofreces es la razón por la cual tienes algún cliente buscándote.

Después de nuestro producto principal, ahora si podemos empezar a pensar en todo lo demás que queremos o podemos vender. Es sencillo, una empresa no va crecer ni desarrollarse con una sola oferta. Si tan solo fuese así de fácil. No, necesitamos generar opciones, ya sean más altas o bajas en caso de que nuestro cliente no compre la oferta principal.

Existen otros tipos de cosas y podemos encontrarlas y organizarlas respondiendo las siguientes preguntas:

1

¿Qué puedo vender que sea más caro, exclusivo, etc, que mi oferta principal?

A este tipo de cosas se les llama:

UPSELL

2

Si acaso no me compran, ¿qué puedo vender que sea más barato que mi oferta principal?

A este tipo de cosas se les llama:

DOWNSELL

3

¿Qué puedo dar completamente gratis antes de que pasen a comprar mi producto?

* Esto no significa que regales ningún producto ni servicio.

A este tipo de cosas se les llama:

CONTENIDO DE VALOR O

FREE OFFER

UPSELL

El upsell es algo que puede ser una mejor versión de tu oferta principal, una mejorada, más completa. Si éste es el caso,recuerda que tu oferta principal tiene que poder mantenerse por sí sola. El upsell sería algo que pudiera hacer de tu oferta principal algo más disfrutable, más largo, más cómodo. También puede ser algo que complementa tu producto, que le da más prestigio.
Esto NO es más de lo mismo, estamos hablando de algo distinto.

Por lo general es una segunda compra, lo que la hace un poco más fácil porque ya compraron tu oferta principal en algún momento.
Recuerda, no vendas nuevamente tu producto principal, vende algo que le agregue valor.

Regresando con la persona que vende la metodología, un upsell puede ser un curso sobre cómo aplicar la metodología o un producto nuevo que se integra a la misma, etc.

DOWNSELL

El downsell es, como su nombre lo dice, algo que va en dirección opuesta. Pero no me refiero a una versión menos buena de tu oferta principal, más bien una versión reducida y obviamente más barata.

Esto básicamente es lo que le ofrecerías a alguien que no pueda comprar tu oferta principal.

Si pensamos en un diseñador gráfico o despacho de diseño, un downsell muy común sería, por ejemplo, vender una identidad corporativa entera, seria en vez vender un logotipo, por ejemplo. No es lo mismo que su oferta principal (identidad corporativa), pero es algo que es parte de esa identidad, es algo más pequeño y accesible.

FREE OFFER

Esto es el gancho. El contenido de valor es algo que puedas dar completamente gratis. Nuevamente... **completamente gratis.**

La naturaleza de tu oferta principal, conocer a tu avatar e identificar qué es lo que quiere, es lo que va ayudarte a encontrar este contenido de valor. Puede que esté muy relacionado a ella o no.

Hasta puede ser sólo información útil para tu cliente. Y esa es la palabra clave, útil, algo que en verdad le sirva a tu cliente por sí solo, no que se complemente con tu servicio o producto.

Un ejemplo de un caso donde el contenido de valor esté muy relacionado a tu oferta principal, es que si produces algo, puedes ofrecer una muestra gratis.

Si vendes algo de comer, puedes repartir una probada gratis como se acostumbra en muchos supermercados.

Un ejemplo que no es tan cercano, pero muchas veces llega a ser incluso más efectivo, es cuando regalas guías para el uso de un producto o servicio. Por ejemplo, si tuvieras una compañía de seguridad digital, podrías regalar una pequeña guía de cómo ajustar las preferencias de seguridad en las páginas de Facebook. No les estás vendiendo tu servicio principal, ni ningún otro, estás dando algo completamente gratis y completamente funcional para tus clientes. Tampoco estás regalando tu servicio, pero estás dando algo un poco relacionado con él, que aparte muchas personas van a encontrar útil.

Y no hay por qué dudar en hacerlo. Ayuda a posicionarte como un experto en el tema, a demostrar que en verdad quieres ayudarles porque es una acción desinteresada. Les muestras que lo que ofreces en verdad tiene contenido, y que no estás repartiendo información incompleta. Hacerlo te hace lucir bien, así de simple.

Ahora vamos a ver cómo echar en marcha esto.

FLUJO DE ORGANIZACIÓN Y PRESENTACIÓN DE LAS OPCIONES DE VENTA QUE HEMOS VISTO.

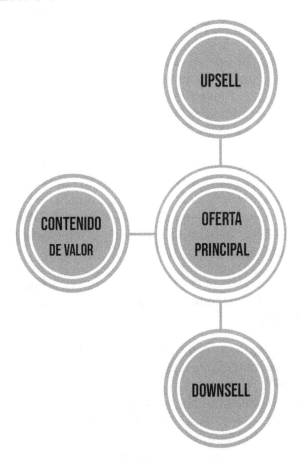

EL ORDEN QUEDARÍA ASÍ:

1. Imagínate que tu avatar está haciendo fila en una tienda, esperando a comprar algo. Está, obviamente, revisando su teléfono y muy seguramente Facebook. En ese momento, encuentra entre su página de inicio tu anuncio (Ad). Lo lee, se siente identificado/a y le interesa tu "free offer". Le gustó tanto el contenido de valor que ahora le interesa acercarse a conocer más.

2. Hace clic en el botón de más información y automáticamente lo lleva a una página donde tiene que ingresar su correo electrónico para poder hacerle llegar la free offer. Inmediatamente después llega a otra página donde sigue leyendo más sobre tu oferta.

3A. En esta variación, le gustó tanto que justo después de pagar lo que sea que iba a comprar, tambiéncompró tu producto o servicio. Si tu cliente compra, entonces le puedes seguir vendiendo. Vendes un upsell. (Piensa en McDonald's: "papas más grandes y refresco más grande por tan sólo... ").

3B. Pero, si por el otro lado, no le gustó o interesó, si tu cliente NO compra, entonces puedes ofrecer un DOWNsell.

Para poder hacer que este flujo funcione se requiere saber de antemano cuál es el upsell, downsell y el contenido de valor.

Es importante también, a la hora de identificar la oferta principal, que te enfoques en que sea una sola cosa. Muchas ideas o cosas tienden a confundir a las personas. Tenemos que convencerlos de elegir nuestra opción, de que somos los mejores.

EJER CICIO 6

Dónde va cada cosa

Primero que nada, anota cada uno de los términos que acabamos de ver e identifica, de lo qué haces, ofreces o vendes, dónde va cada cosa.

Ahora, de tu oferta principal, anota al menos 3 características, las principales de tu producto. A un lado, escribe de cada una los beneficios prácticos, tangibles y emocionales.

Esto es, de cada característica anota qué ventaja trae y de qué manera beneficia a tu cliente.

Ya que tienes esta información, vamos a imaginar un poco más.
Vamos a traer al cliente al centro de nuestra imaginación y vamos a ponerlo a interactuar con nuestro producto.

Responde estas siguientes preguntas en un antes y después:

¿Qué tiene?
¿Cómo fue su experiencia?
¿Status?
¿Qué sienten?
(¿Cuáles son sus emociones y sentimientos?)

Nuevamente, cada una de esas preguntas tiene dos respuestas, un antes y un después. Trata de describir la imagen de la forma más vívida o con la mayor cantidad de detalle.

Una vez que tengas toda esta información, pasa al capítulo que viene.

Ya vamos llegando a la parte más emocionante.

Vamos a acomodar TODA la información. Todo lo que has escrito durante los capítulos pasados, por fin va a aterrizar en algún lado. En un anuncio.

Tu anuncio, que es en realidad sólo la entrada a tu funnel o embudo de ventas.

Aquí es importantísimo especificar ¿qué es lo que tu avatar quiere al final de su vida? Hay que atender esa pregunta como algo central de lo que se está haciendo.

Pregúntate cosas como: "¿Con que sentimiento se está identificando?"

Recuerda que tanto el mensaje como el producto en realidad son sólo el resultado que los llevará al sentimiento final que desean. Recuerda que lo estamos viendo desde SU punto de vista.

ESTRUCTURA DEL FUNNEL

Mucha gente cree, que una campaña de marketing es simplemente hacer un anuncio de Facebook.
Error.
Y uno garrafal. Una campaña de marketing es mucho más que un sólo un ad de Facebook.

Lo que te voy a enseñar en este capítulo, no es algo nuevo. De hecho, es una forma que ya se implementa mucho en Estados Unidos y Europa. Apenas está llegando a México.
Es una forma que nosotros hemos adaptado y usado en nuestras empresas y ha funcionado de maravilla y te la voy a enseñar.

Un funnel, como bien se traduce la palabra, es un embudo para tus clientes.
Piénsalo de ésta forma, es el camino que tus clientes en potencia siguen para, poco a poco, ir sabiendo más y más de tu producto o servicio.
Es una secuencia de información que cada uno de ellos va viendo.

El mejor ejemplo que te puedo dar es probablemente el que tú ya seguiste. Si tienes este libro en tus manos, es muy posible que ya nos conozcamos. Si es así, sólo recuerda como a lo mejor, primero viste un anuncio... sí, de Facebook o tal vez en Twitter o incluso tal vez en el cine.
Y de ahí, ¿qué siguió? Viste otra serie de páginas que poco a poco te fueron guiando hasta este momento.

Si éste no es tu caso, no te preocupes. Un funnel o viaje de tu cliente es, en términos muy sencillos, una serie de anuncios y páginas en internet, que tu cliente ve para llegar a tu producto.

Lo mejor es que tiene un flujo, que el mismo va siguiendo casi en automático.
Es una forma de precalificar a tus prospectos, para que al final de este embudo de ventas ellos estén listos para comprar tu producto o servicio.

Es graciosos, pero ya existe mucha y en verdad mucha información sobre embudos de ventas o funnels de marketing. Simplemente pon cualquiera de estos términos en Google y ve todas las opciones y hasta diagramas que vas a encontrar.

Déjame te lo traduzco y aterrizo de forma más sencilla. El funnel "clásico" o "tradicional", del que todos los demás sitios y "expertos" están hablando, es un camino muy corto para tu cliente que está comprobado que, en nuestros tiempos, ha dejado de funcionar.

Esto gracias al Internet y a la sobreabundancia de información que tenemos hoy en día.

Por lo general estos funnels tienen una estructura de:

ANUNCIO

LANDING PAGE

Experiencia A

Tres Factores para una Estrategia en Línea Automatizada que Genera Ventas Aplicables en Cualquier Modelo de Negocio

StoryDealers Webinar

THANK YOU PAGE

Experiencia A

Felicidades por tomar esta excelente decisión

Has dado el primer paso para llevar a tu negocio al siguiente nivel.

¡Estaremos pronto en contacto!

Esto quiere decir que los clientes anteriormente veían un anuncio, supongamos de Facabook, y este anuncio ya estaba tratando de vender directamente el producto o servicio. Algunos posibles clientes hacían clic y eso los llevaba a una página del producto o servicio. Si seguían el camino trazado, posteriormente los llevaba a una página de agradecimiento, con la esperanza de que hubieran comprado algo.

Esta estructura tan simple funcionaba de maravilla cuando los medios de comunicación más importantes no involucraban activamente a todas las personas, cuando no había un tráfico de información tan impresionante como en el que vivimos hoy.
Las personas ahora esperan desde un trato más personal, hasta más información y, paradójicamente, lo quieren todo en menos tiempo.

Lo interesante es que puedes cumplir con todas estas expectativas y lograrlo de la mejor manera posible, por lo que nuestro embudo o funnel es un poco más complejo

Si todavía no te lo puedes imaginar, vamos a comenzar con lo que va a aclarar todas tus dudas.
Nuevamente, no te preocupes, no necesitas ser un experto en marketing para poder entender ni hacer esto.

VEAMOS ENTONCES
¿CÓMO ES LA ESTRUCTURA DE NUESTRO FUNNEL?

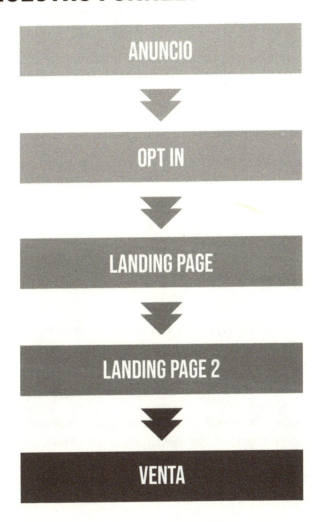

Esta es la estructura básica de un funnel y es la que vamos a cubrir en este libro. Voy a explicarte brevemente cada uno de estas variables y luego, en los capítulos siguientes, vamos a ver mucho más a detalle cada una de ellas.

¿Qué las conforma? ¿Cómo se ven? ¿Para qué sirven? Lo más importante de todo, ¿cómo echar andar todo esto?

En resumidas cuentas, el funnel empieza con un anuncio. Por hacer esta explicación un poco más sencilla, nos vamos a enfocar en uno de Facebook, que es el ejemplo más común, pero recuerda que este anuncio puede ser en cualquier medio, hasta en el periódico si quieres.

Entonces, el anuncio que aparece en la gráfica anterior, es en realidad un anuncio de Facebook o, mejor conocido como un Facebook ad.

Lo que sucede sería algo más o menos así:

1 ANUNCIO

Tu cliente está navegando en Facebook y mientras está deslizándose por su página de inicio, aparece nuestro anuncio.

Nuestro anuncio NO menciona nada sobre nuestro producto o servicio.

Más bien le habla de un problema que él o ella conocen bien. Algo que los haga identificarse con el anuncio.

Como parte de una solución parcial, les ofreces el contenido de valor (que ya vimos anteriormente cuando vimos tu oferta).

Él o ella lo leen, se interesan por ese contenido de valor y hacen clic.

2 OPT IN

Esto los lleva a una página muy simple. En ella, lo único que hay es un título, tal vez 3 líneas hablando del problema que mencionaste en el Ad, la confirmación de que recibirán su contenido de valor y un espacio para que ingresen su correo electrónico.
Así es, simplemente su correo electrónico. A esta página se le conoce como Opt In, nuestro punto número dos en la gráfica.

3 LANDING PAGE

Ingresan su correo, se les envía el contenido de valor y en el momento en que ellos dan clic en aceptar son enviados a otra página, nuestra Landing Page 1 (LP1).
En ella encontrarán información sobre cómo les vas a ayudar en la situación que describiste en el Ad. Literalmente, los vas a educar acerca del tema.

Educar es una palabra muy fuerte, pero ojo, no la estamos usando de forma despectiva. La usamos bajo su significado real. Lo que significa que les vamos a dar información de verdad, les vamos a enseñar algo de valor, darles evidencia que compruebe lo que estamos hablando desde el ad. Así construimos la coherencia.

Y no, aún no estamos hablando de nuestro producto o servicio. Hablamos en general.

Aquí mencionamos un problema y una posible solución al mismo.

También incluimos un CTA o "Call to Action", que se traduce como un "Llamado a la Acción".

Esto es un simple botón que por lo general lleva una leyenda con algo como: "¿Quieres saber más?", "¿Quieres saber cómo lo puedes aplicar en tu negocio, casa, etc.?", etc.

4 LANDING PAGE 2

Cuando ellos dan clic en ese botón, entonces llegan a nuestra Landing Page 2 (LP2.).

En ésta página, comenzamos escribiendo un poco de dónde venimos, un poco más sobre el problema y la solución de la LP1. Pero aquí, ahora ocurre algo diferente.

Comenzamos a hablar de nosotros. Ahora sí comenzamos a hablar de nuestro producto o servicio.

Lo mejor que puedes hacer es comenzar hablando de cómo y por qué ofreces ésta solución, lo cual significa hablar de ti. De cómo tú "también viviste" el problema y cómo por ello, seguramente, se te ocurrió la solución.

No digo que inventes una historia, si es que no tienes una, pero, por lo general, vas a estar apasionado por lo que estás ofreciendo. ¡Te recomiendo que lo estés!

Crees en tu negocio, proyecta eso. Habla usando frases como: "Yo lo viví, pasé por eso, me sentía igual que tú", porque es cierto. Y luego el cambio que ocurrió con tu solución.

Después, agrega un par de testimoniales de tu producto o servicio, de cómo también ha impactado a otras personas y les ha ayudado con su problema.

Cierras con un "¿Te interesa?"

Y ahora sí, pones una forma de contacto.

Por lo general, éstas formas son largas. Piden nombre completo, dirección completa, cuándo te gustaría comenzar con el servicio, cuándo recibir el producto, etc.

Lo más interesante de todo, es que mucha gente me ha dicho que estoy loco, que las personas no van a llenar semejante cuestionario ni de locos.

Tal vez pienses similar, pero se te está pasando algo muy importante.

En todo este viaje por el que mis clientes potenciales han pasado, yo ya los precalifique. Ya vienen con la información que necesitan, es decir, educados y con la buena referencia del contenido de valor.

Esto hace que llenen las formas. Por más sorpréndete que parezca.

Se puede decir que el secreto es el trato.

En los anuncios de casi todos, por lo general los negocios sólo se están enfocando en vender, vender, vender.

Una idea, valida, pero completamente equivocada.

Ponte a pensar: ¿qué pasa si primero, educas al cliente y le das algo de valor?

Lo llenas de la información correcta para encaminarlo a

tu producto o servicio y te vuelves desde una referencia de autoridad, hasta alguien en quién confiar, porque ya regalaste algo desinteresadamente, que aparte, en verdad, les sirvió.

¿Todavía crees que no van a llenar esas formas?

Honestamente, no, no todos. Y esto es normal. Pero vas a tener un mayor número de ventas, garantizado, si echas andar este funnel.

5 VENTA

A ese mayor número de vetas le llamamos, "Conversiones", pero más adelanteen te voy a contar todo sobre cómo lograr aún más.

Por ahora, para cerrar esta primera parte. Esto que acabas de ver es la estructura más básica de un embudo de ventas.
Hay estructuras mucho más complejas, con más páginas y otro tipo de secuencias y es que eso es lo mejor. Esta es una estrategia modular. Quiere decir, que es ensamblable y el único límite es el que tu mente te ponga.

Pero cuidado, a esta estructura que estás viendo le he apodado la básica, porque es la más sencilla que yo manejo y que me da muy buenos resultados.

Ahora si veamos todo más a fondo...

Para que puedas consultar todas las actualizaciones de este libro, ve al siguiente enlace:

https//www.experienciaa.com/libro

CAPÍTULO 4

LOS 11 PASOS PARA UN AD PERFECTO

Este es el momento en el que todo lo que hemos estado trabajando se concreta en un esfuerzo especifico.

Vamos a ver cómo todo lo que has hecho va alimentar la comunicación de tu empresa.

Vamos a aclarar algo de una vez, el ejemplo que vamos a ver en este capítulo, es un anuncio de Facebook.

Lo hacemos así meramente por comodidad, pero en realidad, esto es algo que puedes usar para cualquier tipo de anuncio sin ningún problema.

Ya sea de cualquier plataforma digital, como Youtube Instagram o cualquier otro medio más tradicional, como un anuncio impreso o uno de TV.

Básicamente, todo lo que has estado haciendo es acercarte a la persona que va a recibir tu anuncio, aprender cómo comunicarte con esa persona de forma efectiva, meterte en su mente y entendiéndola a un nivel profundo.

Esto va a diferenciar tu anuncio de cualquier otro haciéndolo algo más orgánico, atacando los puntos de interés, las emociones y experiencias de tus clientes en prospecto, incluso ofreciéndoles algo que ya desde el puro anuncio los deje satisfechos y a ti como una autoridad ante sus ojos.

Al contenido del anuncio (y de cualquier otra forma de comunicación escrita para tu público) se le llama "copy". Y ahora veremos cómo desarrollarlo.

1 APERTURA DE ANUNCIO

Aquí llamas directamente a tu cliente. Pregúntante, ¿para quién es? Ej. doctores, mamás, deportistas, etc.

Algo verdaderamente interesante es que esto puede cambiar dependiendo de a quién te diriges, pero la ventaja es que el contenido se puede quedar EXACTAMENTE igual.

Es decir, si quieres usar el mismo anuncio pero con una segmentación distinta, puedes hacerlo simplemente cambiando ésta parte y cualquier otra información que necesite ser cambiada del cuerpo del anuncio.

2 MENCIONA SUS SÍNTOMAS

Es la mejor forma de hacer que ellos piensen que: **"esto es para mí"**.

Puedes utilizar frases que apunten directito a esto como: "Si has notado", "Si has visto/escuchado/hablado sobre/pensado (x, y, z) entonces...".

No hay mejor forma de hacerles saber que estás viviendo algo similar a ellos y por ende, los entiendes.

3 MENCIONA EL PROBLEMA DIRECTAMENTE

Piensa: ¿por qué se sienten así? ¿Cuál es el nombre del problema? ¿Quién es el culpable detrás de todo esto? Y escríbelo todo.

Un dato curioso es que no tienes que tenerle miedo a la longitud de tu anuncio. Una historia sólo es larga cuando es digna de contarse. Tú ya sabes cómo se sienten tus clientes en potencia, ya sabes las respuestas a éstas preguntas, ahora explícaselos.

4 HAZ UNA PROMESA FUERTE

Después de haberles enseñado sus problemas, es tiempo de darles algo. ¿Perder grasa corporal? ¿Ganar dinero? ¿Ahorrar dinero? ¿Cuál META PRINCIPAL podrá cumplir o qué problema evitará?

En este punto muchas veces llegamos a tocar el ego de las personas (avatars), menciona lo que les duele.

Ojo, hasta este punto, tu producto todavía no entra. Y muy importante, esta promesa no puede ser algo falso. No estamos engañando a nadie. Pero ésta es una solución que tu producto puede ofrecer.

5 DILE CÓMO

No tienes que entrar en detalles, al menos menciona una palabra para expresar "cómo" puede solucionarlo. También sirve mucho saber hacerlo sonar nuevo, interesante, misterioso, sólido. Pero la técnica, más bien se trata de hacer preemting. Esto es poner los beneficios de tu producto o servicio sin mencionar que son tuyos. Así creas una idea de cómo es o tiene que ser aquello que están buscando y que sólo encontrarán en tu producto o servicio.

6 MUESTRA EMOCIONES

¿Qué puede estar sintiendo tu cliente a raíz de esto? ¿Odio? ¿Amor? ¿Emocionado? ¿Agonizante? ¿Confundido? ¿Cómo se sentirán antes/después? Recuerda, ya tienes toda esta información en todo lo que ya has anotado de los ejercicios anteriores.

7 DA RESPALDO RACIONAL

Testimonios, estadísticas, historias o casos de estudio, cosas que te sustentan como producto o marca.
Aquí simplemente pon algún ejemplo de lo que estás hablando. Si ya has tenido clientes anteriores puedes poner alguna experiencia con ellos. Si no, puedes poner algún respaldo científico o cuantitativo de lo que ofreces.

Ya sabes, presume aquello que le da validez real a tu producto o servicio.

8 PUEDES RESOLVERLO SI...

Menciona cómo finalmente existe una oportunidad para que puedan darle la vuelta a la situación si leen, ven, asisten, compran, en pocas palabras, si adquieren tu producto.
¡Ah! Esta parte es un truco. Aquí lo que yo personalmente hago es que menciono que la solución a sus problemas es el contenido de valor, no lo que yo ofrezco. Aun así, menciono muy superficialmente lo que sí ofrezco (mi oferta principal), pero no le doy protagonismo.

Ok., puede parecer un poco confuso, pero no te apures, terminando de ver los pasos te voy a poner uno de los anuncios que mejores resultados nos han traído.

9 RE-ENMÁRCALO CON ESCASEZ

Sólo disponible ahora o por tiempo limitado. Acabamos de ponerlo a la venta y no durará.

Menciona que es tan sólo para algunas personas o que sólopocos lugares están abiertos. Hazlo exclusivo sin sonar elitista,crea un sentido de urgencia por conseguir ese contenido de valor, esto para darle fuerza al gancho.

10 MÉZCLALO CON URGENCIA

Límite de tiempo, esta semana, hoy, los próximos 14 días, la próxima hora, y todo cerrará después de esto y ya no estará disponible. Todavía más urgencia.

11 LLAMADO A LA ACCIÓN URGENTE

Muy importante. Si quieres X, haz clic aquí (y empieza a sentirte mejor). Esto es fundamental, por favor que no se te olvide. Literalmente, ¿qué acción tienen que seguir las personas que estén interesadas? En redes sociales es muy común un "da clic aquí".

No parece tan complejo, ¿verdad?

Ahora te presento un anuncio que trabajamos en uno de los cursos. La persona que tomó nuestro curso vendía un taller de superación personal. Igual que en ejemplos anteriores, vamos a quitar el nombre de su servicio por respeto.

EJEM PLO

¿Qué te da miedo?

Tal vez es la pregunta más genérica de todas, pero es de las preguntas más importantes que puedes hacerte.

Síntoma
¿Has notado que a veces te cuesta tomar decisiones? O ¿no te gusta lo que ves a tu alrededor como parte de tu vida?

Problema
Eso se llama miedo y es de lo más natural en nosotros. Pero también es ese algo que siempre nos impide ser quienes queremos ser.

Promesa
Lo mejor es que tú puedes decidir crear tu propia experiencia que te cambie la vida de un momento para otro.

No, no es fácil, pero tampoco imposible.

El cómo
Conéctate con tu propósito real, aquello que ya conoces pero que ya no te acuerdas. Despierta toda la pasión que necesitas para alcanzar aquella visión de la vida que quieres.

Oportunidad
¿Tu carrera, tus finanzas, tu salud, relaciones? Todo ya está en ti.

NOMBRE DEL TALLER es una experiencia de poder... de TU poder.

Un taller diseñado para vencer cualquier obstáculo que tengas.

Yo te ofrezco la oportunidad de que conozcas claramente eso que en verdad te motiva.

Emociones
Deconstruye y reinventa tus pensamientos, sentimientos y comportamientos y libérate de todo eso que ya te estás inventando y no te permite ser tú mismo.

Y yo quiero ayudarte HOY a que comiences en el camino a darle la vuelta a tu vida.

Escasez
Sólo por los siguientes 7 días vamos a tener una promoción especial para que te suscribas con una beca del 50%.
Esto quiere decir que ahorrarías $x.xx de la subscripción.

Urgencia
Pero esto no va a durar para siempre, después de estos 7 días, la oferta termina.

Llamado a la acción
¡Deja que éste sea el primer paso para vencer el miedo y da clic aquí!

Compartir
Si conoces a alguien que NECESITA IR MÁS ALLÁ DE SUS MIEDOS, ¡etiquétalo, etiquétala o compártele esta publicación!

Ahora ¿qué puedes notar de este Ad?

Lo primero que puedes ver es cómo hay unas secciones que se extienden mucho y otras que son más cortas. Esto es normal y puedes hacerlo como tú quieras.

Otra cosa que puedes notar es que las secciones no van exactamente en el orden de los 12 pasos. El flujo del orden es recomendado, pero no es una obligación.
Si te quieres poner creativo ¡adelante!
Una cosa súper importante de este ejemplo. No sé si te diste cuenta, pero... NO TIENE CONTENIDO DE VALOR.
Así es, la persona que hizo este anuncio decidió no utilizar un gancho y apostarle todo a su servicio de entrada.
Elegí este ejemplo porque da mucho para revisar.

La verdad el anuncio es bueno, está bien escrito, ataca puntos de interés del cliente, es un gran llamado a la aventura, sabe qué es lo que le duele y sienten sus clientes. Podemos decir que estuvo poniendo atención a la hora de crear su avatar.

Y en el mundo real, el anuncio funcionó. Le trajo clientes nuevos... Pero a pesar de esto, no fueron tantos como le hubiera gustado.

Esto, al menos mi deducción es porque falta el contenido de valor.

Ahora vamos a ver un ejemplo donde sí aparezca.

EJEM PLO

Cualquier experto en salud

A ver, doctor, doctora, nutriólogo o nutrióloga y cualquier experto en salud.

¿Te has dado cuenta cómo en la escuela aprendiste todo lo que tenías qué saber sobre medicina y tu práctica, pero nunca viste nada sobre negocios?

¿Has notado que por más que te preparas, tomas cursos, vas a conferencias y demás, nada más no llegan pacientes nuevos?

El problema es que ser mejor especialista no necesariamente significa tener mejor publicidad.

Piénsalo ¿quién verdaderamente se está enterando de toda esa preparación que tienes?

Pero no te preocupes, por suerte existen maneras de atraer pacientes nuevos y retenerlos, sin que tengas que ser un experto en mercadotecnia.

No necesitas una segunda carrera para poder tener más pacientes, retenerlos y tener más ingresos sin tener que sacrificar más tiempo del que ya le dedicas a tu práctica.

La solución es simple. Necesitas ofrecer una metodología que dé resultados rápidos, que sea segura y fácil de llevar. Tanto para tus pacientes como para ti.

Mira, si ya estás frustrado o frustrada, ésta es la mejor estrategia para que puedas llevar tu consulta al siguiente nivel.

Con una metodología bien aplicada, ha habido expertos que le han dado la vuelta a su consultorio y llenado su agenda en tan sólo 3 semanas.

Han doblado sus ingresos antes de que acabe el mes y han conseguido pacientes que sí van a sus consultas sin fallar..

Lo bueno es que ahora existe una opción así en México. Se llama NOMBRE DEL PRODUCTO y es una metodología europea que está revolucionando el mercado de control de peso.

Tiene presencia en 30 países alrededor del mundo y está avalada por más de 60 artículos académicos.

Pero mira, no tienes que creer en esto de entrada. Yo sé que es difícil confiar en algo nuevo. Es completamente entendible.

Por eso mismo quiero regalarte unos videotutoriales sobre ¿cómo atraer más pacientes a tu consultorio?

¡Completamente GRATIS! Esto no es para siempre. Vamos a estar regalando estos videos, exclusivamente a expertos de la salud por los siguientes 14 días únicamente.

Si ya estás cansado/a de esperar a que pacientes nuevos lleguen a ti por arte de magia, a que no regresen después de la segunda cita, si ya te diste cuenta que a la escuela le faltó todo lo que te ayudaría a hacer de tu práctica un buen negocio, entonces no dejes de ver estos videos.

Para obtenerlos es muy simple. ¡Solamente da clic aquí abajo y te los mandamos!

Recuerda, esto no tiene costo alguno.

Si conoces a cualquier otro experto en el sector salud que también este batallando para atraer nuevos pacientes o que simplemente quiera expandir su práctica, no dudes en etiquetarlo o compartirle esta información

En este otro ejemplo, vemos cómo sí hay un gancho o contenido de valor (los videotutoriales) y cómo menciona ambas cosas, lo qué es la oferta principal (la metodología) y el contenido de valor.

Aunque no lo creas, este ad en Facebook fue compartido más de 80 veces y generó el doble de ventas de lo que la misma empresa había generado en un sólo mes con otros anuncios. Todo en 2 semanas.

Este ad lo creó uno de nuestros asistentes en el taller, lo puso en práctica al día siguiente de haber acabado con nosotros y me llamó 2 semanas después para contarme de cómo le había ido.

Pon atención a cómo le hablan a su avatar. En éste caso es una persona que es experto en la salud.

Observa cómo utiliza sus emociones, lo que les duele, sus preocupaciones y lo que están buscando. También muy importante, cómo lo personaliza.

Ponerle el toque personal es importantísimo porque es tu sello de humanidad. En este caso, Facebook, es una red social que se distingue porque todo el mundo se siente como si estuviera en una especie de reunión.

Decían por ahí que Facebook es una gran fiesta y ¿cómo te sentirías tú si alguien llega a tratar de venderte algo en una fiesta?

Por eso el acercamiento tiene que ser muy aterrizado, muy natural y orgánico. De persona a persona.

Ahora que, si vas a intentar esto en otro medio, vale la pena estudiarlo un poco para ver cómo es la comunicación entre las personas que interactúan en ese medio. Es decir, no vas a escribir con el mismo tono cuando lo haces para Facebook que para un anuncio en el periódico.

Pero los 12 pasos van en ambos, recuerda, sólo el tono o el "cómo usas el lenguaje" es lo que cambia.

¡Y ahora te toca a ti!

Antes de pasar al siguiente capítulo, tomate un tiempo para crear tu ad perfecto.

Recuerda lo que habíamos dicho anteriormente. Este anuncio es como el tráiler de tu película. Y tu película es la estrategia completa.

Para hacer que tenga sentido y que cuadre, el contenido de tu anuncio tiene que tener un resumen de la información que van a estar viendo en las secciones que siguen de nuestra estructura.

Si revisamos los ejemplos que te acabo de dar y tomamos al experto de la salud, puedes ver que varios temas aparecen muy fuertemente en el anuncio; los estudios, la metodología y el generar pacientes nuevos y retenerlos.

Todos estos temas se van a desarrollar como contenido de las siguientes partes de tu estrategia. Es decir, esos temas van a ser profundizados en las siguientes Landing Pages.

Una cosa que siempre nos preguntan en todos los cursos que hemos dado y que, de hecho, no estamos atendiendo en esta sección, es ¿cuánto debo invertir en publicidad?

Si este ejemplo es un anuncio de Facebook, ¿cómo saber cuánto dinero destinarle publicidad pagada de Facebook al mes? Por ejemplo.

No te preocupes. Sí, es algo muy importante, pero antes de preocuparte por esto, primero hay que reunir y desarrollar toda la estrategia, toda la estructura del funnel y el contenido del mismo y después ahora sí vamos a ver cuánto tienes que invertir en todo esto.
Es más, puedo adelantarte de antemano que no vas a necesitar inversión extra y que este número tiene todo qué ver con lo que ya estas ganando.
Ésta es otra de las cosas positivas de esta estrategia. ¿Te acuerdas que te dije que se adecuaba a tu negocio? Bueno, no era un cuento, en verdad se adecúa a lo que sea que estés produciendo ahorita y vamos a ver todo esto, todas las matemáticas terminando la planificación del embudo.

Todo se empieza a condensar aquí. Así que, si ya hiciste la planeación correctamente, si ya conoces a tu cliente y a tu producto, entonces sí, comienza a escribir tu ad perfecto.

¡Pero aún no lo saques! Primero termina de leer el libro.

Para que puedas consultar todas las actualizaciones de este libro, ve al siguiente enlace:

https//www.experienciaa.com/libro

CAPÍTULO 5

OPT IN & LANDING PAGE

En el capítulo pasado vimos el copy de tu anuncio, el contenido textual del mismo.

Pero nuestra tarea no acaba ahí. Ese es literalmente sólo el principio.

¿Recuerdas lo que vimos al empezar esta sección? ¿El contenido del Funnel entero? Bueno, ahora vamos a lo que sigue una vez que tus clientes hagan clic o sigan tu anuncio.

Recuerda, todo este libro está enfocado a una estrategia digital, el mismo acomodo sirve para otros medios, como ya creo que he dicho un millón de veces, pero, obviamente el lujo y las acciones que tus clientes harían serían distintas.

Por ejemplo, ahorita sabes que vamos a ver un Opt in y una Landing Page. Sin embargo, para un anuncio de periódico, seguramente, en vez de unas páginas como éstas, seguiría una llamada telefónica tal vez, algo por el estilo. Las opciones son muchísimas y cubrirlas todas convertirían este libro, que es la "versión práctica", en algo más largo que la saga de "El Señor de los Anillos".

Ahora, ese anuncio es parte de una estructura más grande en la cual tus clientes potenciales entrarán y que poco a poco los seguirá preparando para que definitivamente te compren tu producto o servicio.

No todos los clientes potenciales que entren en éste sistema comprarán, pero los que se queden, puedo decirte que es muy probable que no sólo comprarán una única vez.

¿Estás listo para encontrar a tus primeros fans?

OPT IN

Su estructura es simple. Al final de tu anuncio o ad, pondrás un link, una liga que los llevará a una página donde sólo tendrán que dejarnos su correo electrónico para que podamos hacerles llegar el contenido de valor que les prometimos.

A esta página y forma de obtener su correo electrónico se le conoce como OPT IN.

Y sí, lo único que vas a conseguir en un inicio es su correo electrónico. No una venta, pero esto tiene un por qué. Es tu primera liga a tu cliente, tal vez no esté comprando... todavía, pero ya estás unido a él o ella.

Te preguntarás ¿Para qué quiero su correo? ¿De qué me sirve?

Y la respuesta es muy sencilla. Déjame te lo voy explicando con otra pregunta para empezar.

Alguna vez te has preguntado ¿Cómo es que tu computadora sabe qué publicidad mostrarte? ¿Cómo sabe que te gusta "x" o "y" cosa y te muestra exactamente información relevante a lo mismo?

Bueno, esto es parte de lo que obtienes o puedes hacer tú por tu negocio si obtienes el email de tus clientes o clientes potenciales.

Voy a tratar de explicarlo de la manera más sencilla.

Básicamente, cuando ellos te dejan su correo electrónico y tú ahora lo tienes en tu base de datos, puedes saber más de ellos.

Sus preferencias de lenguaje, algo de información personal, etc. También puedes ver qué cosas de tu página han visto.

Por ejemplo, si tienes un video, puedes saber si lo vieron o hasta dónde lo vieron. Y todavía puedes saber qué páginas específica y personalizada.

Hay quienes ésta explicación les emociona y hay quienes les asusta, pero si nunca habías oído hablar de esto, es muy simple. Se llaman cookies y pixel y creo que los conoces. Algún sitio alguna vez te ha preguntado que aceptes sus cookies para poder entrar.

Una explicación un poco más técnica sería que, cuando te dan su email se crea un código que "se les pega" y va almacenando y recopilando información.

Entrar en más detalles ya sería mejor que te lo explicara un programador tal vez.

Pero si aún no sabes de qué estoy hablando, simplemente ve el siguiente video que te explicará todo de manera súper sencilla:

https://www.youtube.com/watch?v=DyO87X04Fj8

Ahora, también, obtener su correo sirve para algo muy importante. Algo que hasta podrías considerar como un activo para tu negocio. Créelo o no, una lista de los emails de tus clientes vale más que muchas otras cosas que a veces aparecen con un símbolo de pesos más grande.

¿Por qué? Muy sencillo. Si identificas que uno de tus clientes ha abandonado tu página o funnel, siempre puedes enviarle un correo que lo atraiga de regreso. Si empiezas una página especial de Facebook, vas a saber cómo encontrarlo e invitarlo. Si vas a hacer la presentación de un producto nuevo, sabes cómo hacer que se entere, entre muchas otras cosas por supuesto. O, en lo que decide comprarte, seguir dándole información relevante de tu negocio.

Si tú les entregas buen contenido de valor, los mantienes al tanto y presente, no hay porque no crezca la relación con ellos y, al igual que una planta, en algún momento dará fruto, garantizado.

Y estamos hablando a largo plazo aquí.

Yo he dado contenidos de valor hasta 1 año antes de pedir una compra. Pero a la hora que lo he necesitado, vaya que han comprado.

Cuando te dije que era la primera liga con tu cliente no mentía, su correo es el que te va a permitir darle vida al flujo de tu embudo.

No desesperes, es más trabajo explicar todo este proceso que hacerlo.

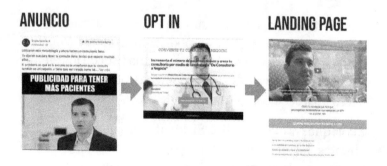

ANUNCIO   OPT IN   LANDING PAGE

Y
¿QUÉ TIENE QUE TENER UN OPT IN?

Tu página de Opt in debe ser muy sencilla. Tiene que estar compuesto de 4 a 5 oraciones máximo.

Una es un título, que en realidad es un gancho. Piensa, ¿por qué le dio clic al anuncio tu cliente? ¿Recuerdas la promesa fuerte del anuncio? Aquí sería un buen lugar para ponerla nuevamente (para que se relacionen y tenga coherencia). A este gancho muchas veces se le conoce como "Lead Magnet" y, como su nombre lo dice, por lo general es algo muy fuerte que directamente atrae. También hace referencia a tu contenido de valor. En el ejemplo que vimos de los nutriólogos, serían los videotutoriales que se les prometió.

Al entregárselos por medio de una descarga que obtendrán una vez que te den su email, estarás creando un microcompromiso (micro commitment).
Y lo que hace esto es seguir influenciándolo a que vea nuestro contenido, a que esté menos a la defensiva para conocer nuestro negocio y soluciones, ya que el contenido gratis que le acabamos de ofrecer, en verdad, le es muy útil.

ASÍ SE VE UN OPT IN:

Éste es solo un ejemplo, no es un opt in real.
En el opt in, aquellos interesados, completan los campos solicitados y autorizan a la empresa a eviarles emails y promociones.
Se pide normalmente un nombre y un email.

LANDING PAGE 1

Una vez que dejen su correo en el Opt In, el botón de enviar que ellos oprimirán los llevará directo a nuestra Landing Page 1. Esta página debe hablar sobre: ¿Cómo te va a ayudar el proceso o la información que le dimos en nuestro ad? ¿A qué atiende el contenido de valor que diste? Acuérdate que aquí todavía estamos hablando de la información de tu ad, lo que quiere decir que aún no existes. Ni tu empresa, ni tu producto, ni tu servicio.

Lo que vas a poner es información que compruebe que la información de valor y todo lo que hayas expresado, sea cierto.

Si en el ejemplo que hemos estado viendo, estamos hablando a expertos de la salud, donde ya les dijimos que la escuela no les ha funcionado para atraer más pacientes, por ejemplo, una buena opción sería poner aquí información y hasta estadísticas de lo mismo.

Es como la parte de un escrito. Planteas un problema y te expandes en la solución.

Toda esta planeación es así, basada en ésta estructura, ya que poco a poco seguimos derribando todas las barreras mentales, dudas, sospechas que puedan tener nuestros clientes potenciales.
Lo mejor es que tengas esta información. Recuerda que la mejor forma de construir cualquier forma de marketing, es con la verdad.
Las estadísticas existen, sólo tienes que buscarlas.

Al final de tu LP1 aparece un CTA o Call To action que

ya habíamos visto para que, ahora que ya están más entrados en tema y más emocionados por lo que están aprendiendo, lleguen a tu Landing Page 2 (LP2).

Este botón puede tener una frase tan simple como "¿quieres saber más? Da clic aquí".

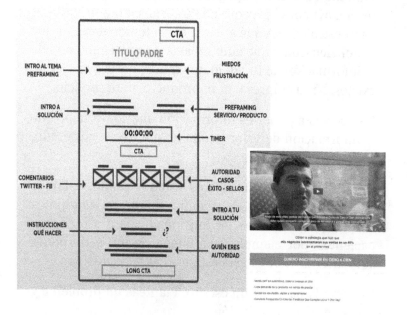

LANDING PAGE 2

Al hacer clic en el CTA, llegan ahora a tu Landing Page 2 (LP2).

Aquí comienzas a hacer un poco más de referencia a la información que presentante en la LP1. Puedes poner, información extendida de la misma pero ahora sí hay que empezar a redactar una forma de aterrizaje.

Y ¿a dónde van llegando nuestros clientes?

Ahora sí.

A ti.

Y me refiero a ti como persona, tú, el ser humano que está leyendo este libro.
Aquí les vas a contar TU experiencia.
Cómo tú también estabas siendo afectado por éste problema.
Puedes empezar con algo como: ¿"sabes que?, yo me sentía igual. Yo tenia..." etc.

No tengas miedo de mostrarte humano. Aquí sí entra en detalle sobre lo bueno que obtuviste, salud, dinero, tiempo, el beneficio que trae tu servicio. Muéstrate emocionado, estamos hablando de todo lo bueno que les va a traer tu servicio o producto. Muéstrate honesto, no sólo les quieres vender, les estás hablando de las partes buenas de aquello que se ha convertido en el centro de tu vida, al menos económicamente. Demuéstralo.

Luego, ya entra, directamente tu producto o servicio. Seguido de tu historia, tus emociones y la solución, ya puedes hacer un puente a tu producto o servicio.
Usa frases como "Por lo tanto, yo quisiera ofrecerte... que va a... mejorar en...", etc.

Una recomendación es que enumeres en una lista los beneficios de tu producto o servicio. No seas tímido, deja fluir la pluma y pon todo.

Ahora, aquí viene algo crucial. Si los tienes, en la sección que sigue pon o muestra testimoniales.

Es muy importante que puedas de alguna manera documentar los resultados de tu producto o servicio en la vida de tus clientes. Nada personal, solamente evidenciando desde cómo les funcionó, hasta cómo ellos se sientes al respecto. Y ésta es la sección donde lo muestras.

Puede ser texto, videos, audios. Creo que está de más mencionar que lo mejor son videos. Es la forma predominante de transmisión de información en nuestra época.

En la siguiente sección de la página, después de estos testimoniales, lo ideal sería poner todas las evaluaciones académicas o profesionales que tengas de tu producto o servicio.

Ya sabes, si es un producto que está aprobado por ésta u otra institución, poner sus logos o sellos de aprobación. Lo que pueda darle un respaldo tanto de seguridad como de profesionalismo a tu servicio o producto. Dependiendo del giro, esto puede variar.

Si tu negocio es un servicio de salud, por ejemplo, pon los sellos de las instituciones que lo avalan. Si es un producto, puedes poner los sellos de seguridad para el consumidor. Si es una consultoría o similares, incluso puedes poner los logos de las empresas para o con las que han trabajado, etc.

Hemos llegado a la parte más importante de esta LP2.

Ya complementaste la información, ya introdujiste tu historia, tu producto y tu servicio, ahora hay que invitarlos a comprar.

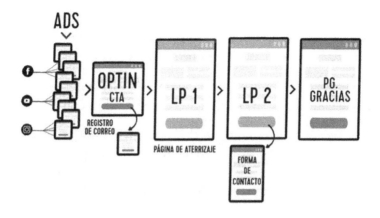

Y

¿CÓMO VAMOS A HACER ESO?

De una forma muy sencilla.

Al final de tu LP2, necesitas una forma de contacto. Ésta forma que va aquí, por lo general es muy, muy amplia. Me refiero a que le vas a pedir mucha información a tu cliente. Y esto tiene un por qué muy simple.

Aunque no lo creas, incluso en éste punto sigues calificando a tus clientes. Sigue siendo una forma de separar exclusivamente a aquellos que quieren comprar.

Esto puede parecerte algo extremo. Pero créeme que no lo es. Ni cerca de serlo.

Si piensas que nadie te va a llenar esta forma, si crees que ya es mucho, piensa en esto:

Número uno, tú estás aquí, leyendo esto. Seguramente tú ya pasaste por esto y no parece haberte molestado. Digo, aquí estas, con este libro en tus manos.

Segundo, tal vez la explicación de todo este viaje, de toda esta estrategia, sea tal que llenamos un libro con ella.

Sí, pero, esto no le toma al cliente más que un par de minutos. Amenos que tengas un video muy largo que tengan que ver o algo por el estilo, todo este viaje y flujo a través de tu funnel, no tiene por qué tomarles más que unos cuantos minutos.

La mayoría de la gente la va a llenar porque vienen con las barreras bajas. No me refiero a que nos estamos aprovechando, pero considera que ya les hablamos en su idioma; de hecho, nos tomamos el tiempo de entenderlos a profundidad, genuinamente les dimos algo de valor para ellos en el contenido de valor y se los dimos gratis, los seguimos educando con respecto a su problema y les presentamos una solución real y efectiva al mismo. ¿Todavía crees que no lo van a hacer?
Si no lo hacen, es porque en realidad nunca quisieron comprarte.

A lo largo del proceso vas a ir perdiendo gente, eso es seguro. Pero es exactamente lo que necesitas. Separar a las personas que quieren comprarte de las que no.
Tal vez tu ad va a llegar a 100 personas. En tu opt in seguramente sólo alrededor de 50 personas te dejarán su correo. Para cuando llegues a la LP1 te van a quedar como 30 y a tu LP2 seguro llegan como 25, de los cuales vas a recibir como 20 formas completamente llenas. Estos números obviamente son una invención mía del momento, pero es más o menos un aproximado de lo que pasará.

Tenemos ahora dos alternativas. Puedes dirigirlos a una tienda en línea que tengas o puedes concretar una venta con la información de la forma más tradicional. Esto es, contactando al cliente y concretando la venta.

EJEMPLO DE LANDING PAGE

Vamos a ver un ejemplo de todo el flujo como lo tenemos hasta aquí.

Es todo un viaje por el que tus clientes van a pasar hasta llegar a ti.

EJEM PLO | Negocio de limpieza de alfombras

Vamos a tomar un negocio de limpieza de alfombras.

Simple, elegante y algo muy útil, pero a veces muy difícil de vender.

Comenzamos en el ad. En el ad, que en éste ejemplo sigue siendo de Facebook, mencionas que: "Las alfombras deben ser limpiadas cada 6 meses, esto porque hay un estudio de la EPA (Enviromental Protection Agency de EUA), donde dice que las alfombras funcionan como un filtro para la casa. Eso ayuda a que tus hijos no tengan alergias, a que todos respiren mejor, en fin, a que tu familia esté saludable. Las alfombras filtran la casa, etc. etc. etc.".

Das exactamente esta información y NO les vendes tu servicio de limpiar alfombras, sólo les estás dando información. Y les ofreces, como contenido de valor, un reporte que diga: "Cómo convertir tu alfombra en un filtro natural", por decir algo.

Ok, tal vez NO soy un experto en alfombras y eso se nota, pero creo que el ejemplo es bueno y me vas entendiendo por donde tiene que ir el flujo ¿verdad?

Entonces, una vez que la persona dice que SÍ está interesadas, hacen clic y llegan a tu Opt In.

Ahí, les informas que les enviarás el reporte y sólo requieren dejarte su email. Ellos ingresan su email, se les envía el reporte y automáticamente pasan a tu LP1.

En tu LP1, por ejemplo, retomas el tema del estudio de la EPA. Háblales un poco más sobre esto. "La EPA dice que hay que limpiar las alfombras al menos una vez cada 6 meses porque como son un filtro natural, hay que limpiarlas. Así te aseguras que absorban bien el polvo, el polen y los contaminantes. Vas a ayudar a que tu familia esté más saludable, etc.".

Si te fijas, seguimos SIN hablarle de nuestro servicio de limpiar alfombras. Sólo lo estamos educando en un posible problema que puede estar teniendo con sus alfombras y su

posible solución. y su posible solución.

Hacen clic en tu CTA y llegan a tu LP2.

Lo primero es que les cuentas un poco más sobre el estudio del EPA. Brevemente.
Y después, ahora sí comienzas con tu negocio. Recuerda de qué forma te lo recomendamos.

"Yo también me sentía igual, en mi casa mis hijos se la vivían enfermos. Me di cuenta que era en realidad mi alfombra y no me di cuenta hasta que la lavé y vi cómo mejoró todo el ambiente. Como cambió la calidad del aire y entendí qué funciona como un filtro.
Y por eso, yo te quiero ofrecer esta limpieza de alfombras que va a mejorar la calidad de vida para toda tu familia. Etc."

¿Queda un poco más claro?

Muy bien. Éste es tu funnel. ¿No fue tan difícil verdad?

Es hora de que comiences a construir lo que va a ser el tuyo. Ya tienes el ad, espero. Ahora diseña el contenido de lo que va a ser tu Opt In, LP1, LP2 y tu forma final, de acuerdo a lo que tu negocio requiera.

Tómate un break de esto, ten el libro a la mano y ponte a escribir. Regresa a ver los ejemplos que te damos. No los copies tal cual, no funcionará si lo haces así. Se trata de que lo hagas con tu negocio en mente. Aunque se parezca a alguno de los ejemplos, acuérdate que éstos son sólo eso, ejemplos.

¿QUÉ MÁS VAS A NECESITAR?

Muy simple. Vas a necesitar un servicio de internet que puedas ligar éstas páginas, alguien que diseñe las mismas y cómo darles seguimiento.

Para eso, no te preocupes, existen muchas opciones allá afuera que hacen casi todo esto por ti.

La que más recomendamos y de hecho usamos es "Clicfans".

Ve a: **https://clicfans.com/** para que puedas ver toda la información que requieres.

Es una gran opción con la única desventaja de que no es gratis. Pero créeme, desarrollar una estrategia así de planeada, nunca será gratis.

CAPÍTULO 6

MATEMÁ TICAS DE TU CLIENTE

Todas las secciones de este libro son importantes. Hemos cuidado la información a detalle en cada una de estas y creo que lo has notado.

Muy seguramente cuando abriste este libro, no sabías muchas de las cosas que acabas de ver, pero seguro te preguntabas"¿Cuánto hay que invertir en publicidad?" O "¿Cómo saberlo?

Dejamos ésta sección hasta el final simplemente porque antes de considerar el gasto que representa esto, necesitabas saber todo lo que involucraba.
Y no te asustes, las fórmulas que vamos a ver están diseñadas para que la inversión, en verdad, se adecúe a lo que produces, no va a estar desproporcionada y si te hasacercado a una agencia de publicidad vas a notar toda la diferencia.

Para poder saber cuánto invertir, primero tienes que encontrar "El valor de vida de tu cliente" (Customer Lifetime value o CLV)
Para calcularlo, hay que saber cuánto cuesta tener un cliente nuevo. Saber esto es fundamental. Piénsalo, es exactamente lo que te va a decir si el presupuesto que estás dirigiendo, en verdad está a la par de lo que estás recibiendo. ¿Cómo puedes determinar cuánto dinero vas a gastar en publicidad, si no sabes cuánto te cuesta un cliente nuevo, ni cuánto te aporta?
Porque cada vez que llega un cliente nuevo a tu negocio, sí, te genera una ganancia, pero también te genera costos y todo se tiene que tomar en consideración para saber cómo invertir o re-invertir.El valor de vida de tu cliente es el total de ingresos que un solo cliente trae a

tu negocio a lo largo de toda su vida. Por toda su vida nos referimos a todo el tiempo que tu cliente vuelve a tu negocio. Piensa en una tienda de conveniencia, por ejemplo, constantemente vas a comprar ahí y a pesar de que casi siempre gastas una cantidad diferente, podríamos sacar un promedio de cuánto es. Estamos hablando de TODO lo que consumes en promedio, no sólo un producto.

A esta tienda, que es la de la esquina, vas hasta que te cambias de casa, te mudas de ciudad o algo por el estilo. Lo que podría incluso sumar en años.

¿Ya ves por dónde va?

LA FÓRMULA

Vamos a ver un ejemplo un poco más a detalle.

Antes de empezar, tengo que avisarte que el ejemplo que vamos a ver es uno que usa una fórmula muy compleja, que afortunadamente, tú no vas a tener que seguir. Lo pongo porque es un ejemplo interesantísimo y sirve para que también veas el trabajo que se tiene que realizar y cómo después, nosotros sintetizamos y simplificamos esta fórmula a una mucho más sencilla con los mismos resultados.

EJEM PLO

Una cadena GIGANTE de bebidas calientes

Este ejemplo es de una cadena GIGANTE de bebidas calientes, la cual obviamente no será mencionada por su nombre... Así que pongámosle uno.
Algo así como Sundollars.

En un inicio, podemos pensar en Sundollars siendo un imperio de bebidas, parece un monstruo de empresa que tiene tanto dinero que puede abrir literalmente una sucursal en cada esquina y costearlo, que tiene tanto capital, que puede gastarlo en abrir y abrir nuevas sucursales. Pero esto es un error.

Sundollars no ha crecido de esta manera. Ellos hicieron un estudio y se preguntaron: "Vamos a ver cuánto me cuesta mi cliente nuevo y con ello puedo tener un plan de inversión para planificar la expansión."

Según los estudios, encontraron que:
Un cliente en promedio gasta alrededor de $24.30 (dólares) a la semana en Sundollars.

Para encontrar esta cifra, Sundollars se dio cuenta que el promedio de frecuencia de visita de un cliente era de 4.2 veces por semana y en cada una de ellas él/ella realizaba un gasto promedio de $5.90 dólares cada vez que entraba. Recordemos que estos números son promedios que todos podemos encontrar si hacemos el análisis de nuestro cliente y nuestro negocio.
Después, para encontrar el CLV, ellos siguieron esta

fórmula:

52 semanas x $24.30 x el tiempo que dura consumiendo.

Dentro del mismo estudio, Sundollars encontró que un cliente les duraba un promedio de 20 años.
Solamente ponte a pensar: ¿cuánto tiempo tienes yendo a cualquier lugar como éste? O ¿cuánto tiempo tendrá un amigo o conocido yendo a un negocio similar?
Para pensarse, ¿no?

52 semanas x $24.30 x 20 años = $25,272.00 dólares.

Ahora, esos $25,272.00 es lo que consume un solo cliente en toda su vida con Sundollars. Esos $25,272.00 son 20 años de consumo. Pero eso no es lo que gana Sundollars de él o ella y éste no es el valor de vida del cliente. No. Aún no hemos acabado.

Recordemos que, como toda empresa, Sundollars también genera costos. Desde lo que le cuesta la producción de su producto por cliente y más.

También tenemos que acordarnos que el cliente no tiene una vida estática y no visita una sola sucursal (en este caso).
Todos estos valores un poco más aleatorios es necesario considerarlos.
Después de encontrar esto, ahora sí encontraron que de utilidad un sólo cliente les deja un promedio de $14,099.00.

Un poco confuso ¿verdad?

Pero no te preocupes.

Ésta es tan sólo literalmente la forma más simple que

encontré de explicarte el proceso por el cual YO tuve que pasar para descifrar ¿cuánto me cuesta verdaderamente un cliente nuevo? ¿Cuál es su valor de vida en mi negocio?

Y tú tienes una ventaja. Una que te he contado desde el principio.

Yo ya pasé por esto. Y, por lo mismo, desarrollé una forma MUCHO más simple de aterrizar, explicar y aplicar las fórmulas del ejemplo anterior, con todo y variables, y encontrar la información que necesitas.

Eso es lo que vamos a ver aquí.

Ya vimos la información que utilizó Sundollars para hacer sus fórmulas.

Pero nosotros no somos Sundollars. Al menos yo no.

Puedes también pensar en otro tipo de negocios. Uno donde se reduce, impresionantemente ésta cifra es una tienda de ropa muy específica. Me refiero a esos lugares donde compras una bufanda y fin. No regresas probablemente jamás. Bueno, en esos casos (más extremos) el valor de vida de tu cliente es el precio al que se vendió esa bufanda y listo, ya que es la única vez.

Lo que hice fue comenzar a observar mi propio negocio y la información que tenía a la mano del mismo. Los números que fui recolectando de la información que ya tenemos.

Me encontré que actualmente yo estoy invirtiendo $2,000.00 en publicidad para Facebook.

De esta inversión yo consigo un promedio de 19 formas llenas de opt in.

De las mismas, yo cierro al final 4 clientes.

Esto significa que el costo que yo pago por cliente nuevo es de $500.00 pessos mexicanos.

Una vez dentro, este cliente gastará en promedio $1,200.00 a la semana por un mes y medio.
Esto quiere decir que él o ella gasta $7,200.00 en este ciclo. A este ciclo le vamos a llamar "compra media anual". Esto no es necesario para todos los casos, lo pongo aquí porque esto es esencial para mi negocio y el ejemplo que estamos viendo.

Éste mismo ciclo (de medio año), en promedio lo repite mi cliente 2 veces al año, lo que se convierte en la "frecuencia de venta anual".

Así que al final, gasta $14,400.00 en mi negocio/ producto durante 1 año. Esto es el total de la venta, pero ojo, TÚ NO ganas de la venta. No. Ganas de la utilidad. Por fines prácticos, vamos a decir que la utilidad de esto es el 40%, que es un total de $5,760.00 y esto es lo que un sólo cliente te deja en 1 año. Lo que quiere decir que es su CLV de 1 año.

Lo interesante es que éste CLV es acumulativo dentro de este esquema. Si el siguiente año, logras que tu cliente regrese (y vas a lograrlo con nuestra estrategia) este CLV se va acumulando.

El siguiente año CLARO que cuenta y muy seguramente seguirá consumiendo un promedio muy, muy similar.
Si como a mí, te encantan los tacos y vas cada viernes, tú como cliente, a ese taquero le dejas por año, la suma de cada viernes que vas por tacos. Y, en promedio, si sigues yendo el año que sigue (que muy probablemente

lo harás), tendrás el mismo valor de vida para él nuevamente y, por ende, se suman.

Aclaración: En este libro no vamos a ver cómo obtener la utilidad, eso es algo que puedes encontrar muy fácilmente o si tienes un departamento de contabilidad, ellos pueden darte dicho número y estoy seguro que lo sabes.

Hasta aquí no estoy haciendo nada más complicado que sumas, restas, multiplicaciones y divisiones.

CLV CLIENTE FINAL		CLV 1 AÑO	CLV 2 AÑOS	CLV 3 AÑOS
CONSEGUIR CLIENTE NUEVO	MX $500.00	MX $5,760.00	MX $ 11,520.00	MX $ 17,280.00
COMPRA MEDIA ANUAL	MX $7,200.00			
FRECUENCIA DE VENTA ANUAL	2	CLV MENSUAL A 1 AÑO	MX $480.00	
AÑOS DE PERTENENCIA	1	MKT X 1 CLIENTE MENSUAL	MX $ 160.00	
MARGEN DE GANANCIA POR CLIENTE	40%	MKT X 1 CLIENTE ANUAL	MX $ 1,920.00	

Como te mencioné, puedes ver que el CLV de cada año es acumulativo con el anterior. No puedo enfatizar lo importante que es que tu cliente siga consumiendo.
Es algo obvio, en realidad, pero nunca está de más dejarlo por escrito.

También que te organices. Pon toda la información que vas necesitando en un Excel, así como su valor.
Todo siempre se ve más complicado explicado parte

por parte. Pero una vez que lo tienes desglosado, la cosa cambia radicalmente.

Ya organizado todo, el panorama se aclara y ver las relaciones es muchísimo más fácil.

Además, tener esta organización es fundamental para realizar un presupuesto de inversión, así de simple.

Éste es un ejemplo muy simple que si lo sigues y desglosas esta misma información de tu negocio, vas a encontrar todo lo que necesitas para realizar una inversión correcta en publicidad, en producción, en posicionamiento, etc.

Así te ahorras también el estar escarbando en los archivos de tu empresa, juntando toda la información sobre todo el tiempo que ha transcurrido de la misma y toda la historia de tus clientes.

Otra forma de ver esto es pensar en un negocio al que regularmente regresas.

Como un peluquero. Mi papá iba con el mismo peluquero durante al menos 15 años y la única razón por la que dejó de ir, fue por qué el peluquero pasó a mejor vida. Imagina el valor de vida que mi papá como cliente, o tú, si siempre vas al mismo lugar, representas para ese peluquero.

Lo que sigue es entender precisamente ¿cómo se hace esta inversión? Es muy fácil.

Tu empresa, al igual que todas las demás, tiene 3 factores importantes de división de ganancia:

UTILIDAD	GASTOS	REINVERSIÓN

Para saber cómo dividir tus ganancias de forma equitativa y no estar perdiendo, lo que se tiene que hacer es tan simple como dividirlo en 3.

33%para de utilidad, 33%para abonar en tus gastos y 33% de reinversión. Simple:

GASTOS

Nos referimos a todos esos gastos que tu empresa o negocio va a necesitar hacer. Piensa en cosas como sillas nuevas, computadoras, papel, sueldos y hasta gasolina. Todo eso que se requiere para que tu negocio esté operando.

REINVERSIÓN

La reinversión es el dinero que destinarías para seguir produciendo. Si fueras una empresa que hace vasos, con esta reinversión estaríamos hablando de invertir en materia prima para producir.

UTILIDAD

Ésta es la parte del pastel que te toca como dueño de empresa. Con lo que sí te quedas para tus gastos personales fuera de la misma.

Entonces, si yo divido el ingreso del primer año de vida de un solo nuevo cliente entre 3, tengo que $5,760.00 / 3 = 1,920.00 (que en la tablita de arriba es el número de costo de marketing por cliente anual)

Entonces, $1,920.00 para tus gastos personales, $1,920.00 para reinvertir en tu negocio y $1,920.00 para los otros gastos de tu empresa.
Parece poco, yo sé. ¿Cómo vas a sacar sueldos y demás con eso? Pero esto es con base en el ejemplo anterior, los números de un solo cliente.

Pausa. A estas alturas en el curso que damos, mucha gente se deprime o se niega a realizar esta división. Francamente, todos quieren poder tomar un pedazo más grande del pastel. Y te entiendo. Al principio es difícil. Pero no se te va a acabar el mundo y no pienses que se te está quitando el 66% de tu dinero. Lo que estamos haciendo es que, si haces esta división, junto con todo lo demás que hemos estado viendo aquí en el libro, ese 33% que te toca, cada año va a ir aumentando. Siempre será el 33% pero cada vez va a ir representando más y más y más.

Ésta es la mejor diversificación de tus ganancias.

Nosotros no somos unos expertos en finanzas y éste libro no pretende decirte cómo correr o manejar tus libros y la contabilidad de tu negocio. Lo único que estamos haciendo aquí, es mostrarte de dónde vas a sacar el dinero para poder reinvertir en la mercadotecnia de tu negocio.

De lo que se trata es que aprendas a generar una estrategia, que te llenes de estos conocimientos para que tengas una mejor idea de cómo acomodar y dirigir los ingresos de tu empresa o negocio, a la par de irlos

acrecentado cada vez más y más, sin tener que estar adivinando ni soltando presupuestos al tanteo.
No hay mejor manera de matar tu negocio que haciendo eso.

Recuerda que esto también es tan sólo nuestro camino, el que nosotros hemos trabajado, pero no es una ley universal. Tú vas a ver esto y depende de las circunstancias de tu negocio, modifica o que necesites para que acomode al mismo.

Pero aquí viene algo bien importante. La relación de conclusión de lo que puedes aprender con esto.

Simplemente respondiendo: ¿De un sólo cliente que obtengo, cuántos clientes nuevos puedo pagar? Recuerda que la inversión correcta para publicidad es de un tercio de lo obtenido. En nuestro ejemplo, ese 1/3 equivale a $1,920.00 y un cliente nuevo te cuesta $500.00. Esto quiere decir que, mínimo, puedes pagar por el marketing de 3 clientes nuevos con lo que uno deja.

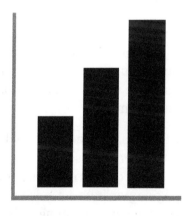

¿Nada mal ¿verdad?

Con esto, ya no tienes que tener miedo de invertir en marketing, de invertir en Facebook, etc., porque ya sabes exactamente cuánto cuesta.

Si tú quisieras organizar un evento, lo pensarías más o menos así:

Supongamos que el evento cuesta $300,000.00, por lo que necesitaría 100 asistentes.
Y voy a vender el boleto en $5,000.00 cada uno. Eso me dejaría $500,000.00 pesos, lo que me dejaría $200,000.00

Esto lo divido entre 3. Me quedan 3 montos de $66,000.00 cada uno.

De esos, puedo ahora gastar un monto de $66,000.00 en publicidad para todo el evento.

Todavía para profundizar mucho más, vamos a ver el ejemplo de una campaña de marketing, con todo y funnel que yo organicé para uno de mis negocios.
Esto que vas a ver a continuación, son los costos reales de esa campaña.

Entonces, ya vimos la estructura del funnel, lo que vamos a obtener, qué son los correos, y, si te acuerdas bien, pusimos que los clientes podían comprar directo en una página por internet o fijar una cita. En éste ejemplo, y como yo manejo mi negocio, es a través de una cita, por lo mismo la última parte es el costo por cita.

	FACEBOOK	ADWORDS
COSTO TOTAL	$3,170 37	$2,737.41
TOTAL CORREOS	311	
CORREOS OPTIN1	301	10
COSTO POR CORREO	$10.53	$273.74
TOTAL FORMULARIOS	62	5
COSTO X FORMULARIO	$51.14	$547.48
PROGRAMACION DE CITA	19	
COSTO POR CITA TOTAL	$310.94	

* Cifras en pesos mexicanos.

Vamos a desglosarla.

Yo gasté $3,170.37 pesos mexicanos en publicidad para Facebook y 2,737.41 para AdWords (Google).

Esto me consiguió un total de 311 correos de personas interesadas en mi negocio.

Haciendo números, por la cantidad de correos que yo obtuve a través de Facebook (301), conseguir cada correo me costó $10.53. Y en Adwords (10) $273.74.

De esos 320 correos, 67 llenaron el formulario para recibir más información.

Nuevamente, cada formulario por persona que llegó por Facebook (62), me costó $51.14. Por Adwords (5) $547.48.

De esos 67 que llenaron el formulario, 19 programaron una llamada con uno de nuestros expertos para comenzar a utilizar nuestro producto/servicio. Cada llamada me costó a mi $310.94

Estos últimos 19, son a los clientes que quieres. Son los que ya están listos para comprar. Esta es la parte que seguro estabas esperando en todo el libro. Probablemente la que más te hace sentido.

Éstos son tan sólo los resultados de una semana de trabajo.

Una pregunta que vemos mucho al respecto es ¿Pero qué pasa si los números de interacción de clientes son diferentes para la semana que sigue?

Yo contesto siempre desde la información que yo tengo.

En mis tres negocios de giros y naturalezas completamente distintos, entre semana y semana, el número total de formularios varía entre 4 y 6 nada más.

Increíble ¿verdad?. Pero es cierto y lo vas a ver tú también.

Me refiero a semanas efectivas, obviamente cosas como Navidad, Año nuevo y hasta Semana Santa es diferente.

En mis negocios, esas semanas están muertas... Pero casi me atrevería a decir que en casi todos los negocios es igual y se contemplan como tal. No son lo que pudiéramos llamar como "semanas efectivas".

Pero ojo, recuerda que esto es sólo la estructura numérica de todo lo que está por encima. El copy, el conocimiento de tu cliente, la oferta de tu negocio, la experiencia de tu cliente con tu negocio.

Las matemáticas siempre suenan muy alentadoras, pero acuérdate que éste ejercicio está hecho pensando que todo lo que vimos en los primeros capítulos, se cumplió de A a Z y por ende, funciona. Si no fue así, estos números no van a tener sentido.

En este caso, siendo un ejemplo de una campaña mía, yo sí tengo que decirte que los anuncios y estrategia a los que estos números se refieren, cumplen con todo lo que has visto en el libro hasta este punto.

Con estos números ahora puedes regresar a terminar de estructurar tu estrategia.

Vamos a ver una cosa extra.

Ésta es la importancia de conocer bien las redes sociales y los buscadores de Internet.

Viendo los números de mi campaña, seguramente piensas que debería de dejar AdWords porque es la que mayor costo tiene y la que menos clientes deja.

Error.

Hay que entender la diferencia de cómo las personas usan cada cosa (Facebook y Google).

Facebook es una red social, donde pueden ver un anuncio de cualquier cosa, siendo que ellos no están buscando dicha cosa.

Pero en Google, uno sólo busca lo que ya quiere encontrar.

Checa los números otra vez. Pero ahora ve la conversión.

De 301 que llegaron por Facebook, solo 62 llenaron formulario.

Esto es un equivalente a casi el 21%.

Ahora ve AdWords, de 10 que llegaron, 5 se quedaron. Esto es una conversión de un 50%.

En números, claro, Facebook dio más, pero lo que podemos aprender de esto es que, en Google, las personas que llegan, están más listas para comprar.

CON CLU SIÓN

Para ponerse a pensar ¿no?

Lo que has visto hasta aquí, es la forma más sencilla de generar una estrategia para tu negocio, completamente redonda. Es decir, sin dejar cabos sueltos, pero también en una de sus formas más simplificadas.

Realizar este tipo de trabajo puede llevarte mucho tiempo, pero lo más interesante es que no hay forma en la que veas esto en ninguna escuela. Seguramente vas a encontrar muchos cursos en Internet que ofrezcan cosas similares. Pero, al menos por lo que yo he visto, casi siempre ofrecen una sola parte de esto.
O te enseñan a hacer ads de Facebook o a programar páginas o tal vez algo de contabilidad y finanzas.
La diferencia es que aquí vimos un poco de todo. Lo suficiente de cada cosa como para que puedas comprender el lenguaje e incluso, si sólo sigues los pasos que viste en este libro, vas a terminar con una estrategia muchísimo más completa que la de muchísimas empresas "de renombre" en el mercado.

El error es que casi siempre todas éstas cosas se ven por separado y no existe una verdadera retroalimentación entre sus partes, sólo palomean tareas en vez de generar una interconexión efectiva. Y todavía se preguntan por qué no funciona.
Pero ahora, si pones atención, tú también puedes ver cómo todas estas partes se conectan entre sí y lo importante y fundamentales que son.
Esto es lo verdaderamente difícil. Tu negocio por naturaleza tiene muchos niveles distintos y pensar en todos ellos requiere una habilidad muy pesada.

Este libro siempre tuvo la intención de llevarte de la mano a través de todos estos niveles, pero al mismo tiempo, de darte las herramientas y guías necesarias para desarrollarlos de la mejor manera posible.

Esperamos que así haya sido y que no sólo hayas aprendido algo, pero te hayas verdaderamente enamorado y apasionado más de lo que haces.

Pero con un poco más de orden.

La gran idea se trata de conocer quién es la persona que te va a escuchar, entenderla al grado de que sus emociones y sentimientos los hagamos nuestros y la empatía sea la guía de comunicación.

Todo lo demás es complementario.

Una gran estrategia toma tiempo y concentración.

Se tratará de que te enfoques en qué quieres lograr y a quién quieres llegar.

Para que puedas consultar todas las actualizaciones de este libro, ve al siguiente enlace:

https//www.experienciaa.com/libro

APÉNDICE

Sabemos que para lograr hacer la estrategia necesitarás unas recomendaciones de herramientas y también los hacks más actualizados para ayudarte a crecer tu negocio.

•HACKS

Si no estás actualizado en las novedades del marketing de contenidos, tu marca será ignorada y será vista como plana y simple.

Deja de preguntarte cómo el marketing de contenidos puede darte más ventas y empieza a preguntarte cómo el contenido puede ayudar a tu audiencia.

Es por eso que te presentamos los hacks más actuales de estrategias para crear y distribuir contenido valioso:

https//www.experienciaa.com/hacks

•HERRAMIENTAS

Las herramientas sirven para automatizar muchas tareas manuales que toman tiempo de ejecución y dificultan la priorización de actividades.

Con ellas es posible abordar un gran volumen de información, acelerando los procesos y mejorando los resultados.

Es por esto que te presentamos las mejores herramientas que te ayudarán a agilizar y a optimizar las acciones de tu empresa en los diferentes canales en línea.

https//www.experienciaa.com/herramientas

•LA GUÍA DEFINITIVA DE IDEAS PARA TU OFERTA GRATIS

Hicimos una recopilación de las mejores estrategias para atraer a tus clientes, futuros clientes y prospectos actuales. Te incluimos desde herramientas extra, tales como hacks y tips para tus páginas, hasta la estrategia general de lo que podrías considerar para que tus tácticas puedan trabajar en perfecta armonía.

Con esta guía definitiva de ideas para tus páginas de Opt-in podrás encontrar una gran variedad de ideas para diferentes nichos, desde "Creación de Negocios y Emprendimiento" hasta "Comunicación y Discursos", e inclusive pasando por el "Diseño Web".

https://experienciaa.com/go/la-guia-definitiva-de-ideas-para-tu-oferta-gratis-ebook-giveaway/

•BONUS

Por último, en el siguiente link podrás tener acceso a bonus extras que te brindaremos para que puedas aplicarlos a tu negocio y te puedas beneficiar de los regalos que tenemos para ti. Encuéntralos en:

https//www.experienciaa.com/bonus